蒙古帝國締造者

成吉思汗

U0078377

大敗金兵，降伏西夏，遠征中亞，建立蒙古四大汗國的一代天驕鐵木真

歐陽翰，楊玲玲 著

歷史上傑出的軍事統帥
中國史上最具影響力的帝王

也，以對方的鮮血洗刷自身的恥辱；

也，集三萬人成十三翼迎戰札木合；

也，成為蒙古高原最強大的統治者。

也是「擁有海洋四方」的歐亞霸主——成吉思汗！

目錄

目錄

序

　　成吉思汗（1162～1227年），全名奇渥溫‧孛兒只斤‧鐵木真，即元太祖，蒙古族、蒙古帝國奠基者和世界歷史上傑出的軍事統帥。他是蒙古帝國可汗，尊號「成吉思汗」，意為「擁有海洋四方」。1271年元朝建立後，忽必烈追尊成吉思汗廟號為太祖，謚號法天啟運聖武皇帝。

　　鐵木真的父親也速該有勇士之稱，是蒙古部落中強有力的首領之一，後被塔塔兒人毒死。也速該的遺孀訶額侖領著鐵木真和他幾個弟弟度過了數年艱難的生活。鐵木真和他的兄弟們就在貧寒和被欺壓的條件下過早地成熟了。

　　少年時期的艱險經歷，培養了鐵木真堅毅勇敢的性格。面對那些令他無法忍受的屈辱，鐵木真發誓一定要用對方的血洗刷自己恥辱。也許就是那時，他性格中的某些東西被點燃了，後來他簡直長成了就像一條凶悍和高傲的草原狼。

　　約在1189年，鐵木真被各部推舉為首領。第二年，他調集3萬部隊分成十三翼軍隊迎戰札木合3萬人，這就是著名的「十三翼之戰」。札木合大批地殺害俘虜，其殘暴令人髮指，因此引起部下不滿，紛紛投奔鐵木真。鐵木真雖然打了敗仗，卻反而增強了實力。幾經征戰，1204年，鐵木真消滅了乃蠻太陽汗的斡魯朵，成為了蒙古高原最強大的統治者。

　　成吉思汗曾經三次大舉進攻西夏，西夏不得不納女請和。1211年，他又率領大軍南下攻金。1215年，蒙古軍占領中都，在遼西消滅了金守軍。1218年，滅掉了西遼。1219年，成吉思汗率二十萬大軍西征，向花刺子模發動了侵略戰爭，攻下不花刺、花刺子模新都城撒麻耳乾等城。

序

　　後來，蒙古鐵騎軍繼續西侵，遠抵克里木半島，占領了大呼羅珊全境。成吉思汗追擊新算端札闌丁至印度河，無功而還。1222 年，占領達魯花赤。1223 年，還回到撒馬爾罕駐下過冬，第二年起程回國。成吉思汗在西征中幾路進兵，採取分割包圍各策略重鎮和各個擊破方式，大規模屠殺、夷平城市和命令被俘人員打頭陣等殘酷手段震懾敵人，解除了自己的後顧之憂。因此，獲得了許多大勝利。

　　成吉思汗統一蒙古各部，為元朝的建立奠定了基礎。他的軍事才能十分卓越，在策略上重視聯遠攻近，力避樹敵過多。用兵注重詳探敵情、分割包圍、遠程奇襲、佯退誘敵、運動中殲敵等戰法，史稱「深沉有大略，用兵如神」。另一方面，他作戰具有野蠻殘酷的特點，毀滅城鎮田舍，破壞性很大。

　　成吉思汗在建國時，成吉思汗就著手制定青冊，制定了蒙古族第一部成文法《大札撒》，是蒙古族正式頒布成文法的開端。《大札撒》記錄了成吉思汗的命令，是他的「訓言」，被稱為「大法令」。

　　成吉思汗統一蒙古草原後，大封功臣、宗室，把在戰爭中已經實行的千戶制進一步完善和制度化，創立了軍政合一的千戶制，先後任命了一批千戶官、萬戶官和宗室諸王，建立了一個層層隸屬、指揮靈活、便於統治和能征善戰的軍政組織，非常適宜於領導和征戰。

　　成吉思汗命令畏兀兒人塔塔統阿創造了蒙古語，史稱「畏兀字書」，並教太子諸王學習，從此以後蒙古汗國有了自己的文字。創製蒙古文字，在蒙古汗國歷史上是一個創舉。

　　1206 年春天，成吉思汗建立了大蒙古國，此後多次發動對外征服戰爭，征服地域西達中亞、東歐的黑海海濱。1227 年，在征伐西夏的時候去世，之後被密葬。

鐵木真的降生

在蒙古高原的北部，有一條自西南向東北延伸的山脈，全長 250 多公里，這就是肯特山脈，在今蒙古境內。

這條發源於不爾罕山的河流，叫斡難河，即今鄂嫩河。河流從高聳的群峰間沖出，順著山勢，彎曲曲地流淌著。

1162 年春，斡難河右岸一個名叫帖裡溫孛勒塔黑的地方，駐紮著蒙古部落。一座飾有花邊的大帳，就是部落首領也速該的帳篷。

因為蒙古部正在和附近的塔塔爾部作戰，所有的青壯年男人都隨也速該出徵了，部落裡只剩下婦女、老人和孩子。

也速該的夫人月侖挪動著懷孕的身體，遲緩地走出了白氈大帳。

跟在月侖夫人後面出來的女奴豁阿黑臣說道 ：「夫人，您這幾天就要生了，還是……」

「沒事。」興致很高的月侖不假思索地答道，就領著豁阿黑臣和另外兩個青年女奴向河邊走去。

突然，月侖夫人肚子疼起來，女奴們忙扶她坐下休息，可是她的肚子還是一陣緊似一陣的痛。豁阿黑臣知道夫人要臨產了。

月侖夫人在慌亂中慢慢定下心，讓青年女奴找了一塊厚軟的草坪，鋪上蒙古袍，女奴扶夫人躺下。

不久，一個嬰兒出生了。嬰兒出生時，左手緊握著一個血塊，恰如一枚赤亮的石頭。這是一個男孩。

在月侖夫人臨產前夕，也速該在一次對塔塔爾人的戰鬥中俘獲了塔塔爾部的一名頭目，這個頭目名叫鐵木真兀格。為了紀念這一戰功，也速該

就給兒子取名鐵木真。

月侖夫人生下鐵木真以後，又生四個兒子，他們是：合薩爾、合赤溫、鐵木格。也速該共有兄弟四人，兩個哥哥是蒙格禿乞顏、捏坤太子，一個弟弟是答里台斡惕赤斤。

有一天，也速該正在放鷹捕雀，突然看見篾兒乞人也客赤列都帶著從斡勒忽訥部娶到的妻子回家來。

也速該見這個婦人容貌美麗，便急忙回去找來他的兄弟捏坤太子和答里台斡惕赤斤，準備搶奪這個漂亮的婦人。

也客赤列都看到也速該兄弟，非常恐懼，丟下妻子和她乘坐的車輛，策馬疾行而去。

也速該兄弟三人緊追不捨。也客赤列都繞過一個山嘴，又回到妻子的車前。

妻子對他說：「那三個人行色可疑，可能要加害於你，你快點跑吧！只要保住性命，像我這樣的女子到處都可以找到。如果你想念我，另娶一個妻子，讓她叫我的名字吧！現在你想辦法逃生吧！聞著我的香氣逃走吧！」說著，她脫下一件衣服給也客赤列都作為臨別紀念。

也客赤列都剛接過衣服，也速該兄弟就追到了，他急忙逃走。

也速該兄弟從後面追趕，越過了七個山頭，沒有追上，返回來帶走了婦人。也速該引著車子，捏坤太子在前，答里台斡惕赤斤走在一旁。

就這樣，婦人被也速該帶回家去，讓她做了自己的妻子。她就是後來鼎鼎有名的月侖夫人。

古代蒙古人實行氏族外婚制，同氏族內部禁止互相通婚。掠奪外族的女子為妻，是族外婚的表現形式之一。

也速該搶劫外族的女子，說明當時還保持著掠奪婚的上古遺風，但更

多是反映了父權制階級社會中，依仗權勢對外進行掠奪的殘酷現實。

　　也速該搶了篾兒乞人也客赤列都的妻子，對此，篾兒乞人耿耿於懷，所以若干年後，篾兒乞人反過來又去奪搶了也速該的兒媳。

　　鐵木真所出生的蒙古部，在成為草原民族之前，是從額爾古納河之東興安嶺大山中走出來的狩獵民族。

　　鐵木真所在的氏族叫做孛兒只斤乞顏氏族，經過了不知多少代，在一位名叫孛兒帖赤那的首領帶領下，乞顏氏人向西來到了斡難河上游和不爾罕山一帶，到鐵木真出生時，蒙古部在此遊牧、狩獵已經三四百年了。

　　在當時，蒙古部的男孩子們，從很小就得接受必要的訓練，以適應戰爭的要求。騎馬和射箭是最基本的技術，必須做到騎藝嫻熟、箭術高超。

　　鐵木真在搖車中長到了五歲。他天生聰穎，在父親的教導下，剛滿五歲的鐵木真就已經學會了騎馬和射箭。他從小就立下誓言：

　　我要做最好的騎手和最好的射手！

　　鐵木真常常與同齡孩子們比試騎術和箭術。他性情倔強、不願服輸，在受到年齡比他大或本事比他強的孩子欺負時候，他總是默默地記住，以後非找機會把對方制伏不可。

危急中毫無懼色

1167 年 3 月，也速該向各部下達了圍獵的命令。鐵木真隨父親一道，參加了蒙古部 20 多個氏族的群體圍獵，這是他第一次參加這樣的活動。

在成吉思汗少年時期，全家人居住的地方，生活就是靠捕殺土撥鼠、野鼠來維持。春季，蒙古牧民過冬的肉食吃盡了，這時的牛羊因為青黃不接，體乏瘦弱而不宜宰殺，所以需要獵殺鹿、黃羊、岩羊、野豬等動物來補充食物的不足。

蒙古人狩獵的主要目的就是以狩獵所得來代替家畜的消耗。此外，狩獵還有三個附屬的功能：一是軍事訓練；二是以所獲的珍貴皮毛，換取所需要的農耕社會的物資；三是供人們的日常娛樂。狩獵有兩種方式：一是大規模的圍獵，二是個人或少數人的行獵。前者是由君長或部族長們領導執行的，後者是個人的行動。根據狩獵對象的不同，狩獵還可以分為虎獵、狐狸獵、黃羊獵、兔獵、野豬獵、狼獵等。

狩獵的對象分為兩種，一是禽類，二是獸類。以鳥為對象的，其娛樂成分較多，多半是用鷹來捉捕，君長們所用的是敏捷的青海鷹，以弓箭射鳥，更要把鳥和箭的距離與速度計算恰當，才可射中，不然彎弓射鵰，又有什麼奇特呢？現代用槍，較之以往，簡便多了。狩獵除了具有軍事性的圍獵外，用獵犬也是可汗們行獵的方式之一。

蒙古人打獵大體從秋末冬初開始一直堅持到第二年的初春。其他季節也有打獵的，但不是主要的。之所以在秋末冬初開始打獵是因為「9 月狐狸，10 月狼」，在這兩個月獵取的皮張品質高，絨毛適當，毛皮成色好，特別就狐狸來說尤其如此，因為狐狸毛皮極為珍貴，錯過了這個時段獵取

的狐皮，成了「老羊皮」，就不適於做裘皮了。

蒙古人的圍獵，如同一場聲勢浩大的戰爭，場面壯觀，往往是幾十人、幾百人、甚至上千人參加。在狩獵中，人們要按照一定的單位和戰術組織起來，聽從統一指揮，既演習戰術，又鼓舞士氣。

出發的那一天，鐵木真身穿羔羊皮小蒙古袍，頭戴青緞子披巾，腳穿青鼠皮靴，牽著白馬，肩挎父親為他特製的小弓箭，腰裡別著一根灌了鉛的打獵用的木棒，在僕人蒙力克的幫助下，上馬隨父而行。

集體圍獵的場面十分壯觀。狩獵隊伍挎獵具、騎駿馬、牽勇犬、浩浩蕩蕩的場面。他們一般都是逆風而行；發現獵物後緊追不放，獵狗撲前，窮追不捨，在正確判斷好距離之後，舉槍拉弓或投擲布魯。其速度敏捷，動作準確，姿態颯爽，好似一場騎術的比賽，也是一場智慧、勇氣、膽量的較量。此時的獵隊也就是軍隊。

到了晚上，士兵們用篝火把包圍圈的輪廓顯示出來，設四五層崗哨把守。隨著時間的推移，漸漸將野獸擠壓在中心，包圍圈越來越小，密度也越來越大，野獸都恐慌甚至瘋狂起來，互相撲食，自相殘殺。首領總是身先士卒，親赴最困難的地方，像打仗一樣詳細部署。所以這種狩獵實際上就是一種練兵，是古代蒙古人的練兵一絕。

經過有計劃的合圍，獵殺的時刻終於來到了。以也速該為首的各氏族首領首先衝入獵場，其他獵手和部眾在指定地點搖旗吶喊，擂鼓助威。鐵木真緊隨父親，騎著白馬，手舉獵棒飛馳而進。

也速該對鐵木真說：「親愛的兒子，不要離開我，有些野獸很兇狠，你對付不了。你先學著射獵黃羊吧！」

黃羊和兔子一樣跑得飛快，雖然不兇猛，但是體態靈巧，亦不易捕捉。俗話說：「兔起鶻落」，可見其速度之快。打兔圍和打黃羊圍一樣，

都需要獵手們有高超的騎術和狩獵技術。能不能獲得豐富獵物，全在獵人的騎術高低和座騎的快慢。

就在也速該對鐵木真說完不一會兒，在鐵木真的小白馬下，一隻小狼突然躥了出來，號叫著向前衝去。

狼是本性狡猾且兇殘的動物，它能夠認人認馬認蹤，只要是看到地上有獵人的腳印，它就不會再往前走，而是採取迂迴戰術避開獵人的追殺。這只小狼被大規模的圍獵逼迫得昏了頭，找不到母狼，就這樣誤打誤撞地躥到鐵木真的馬下。

小白馬受驚，往旁一閃，馬背上的鐵木真一下子被甩了出去。事也湊巧，小鐵木真快落地時正好重重地砸在狼崽身上。

小鐵木真此時竟然還緊緊地握著馬韁。他不知道小狼崽子在身下也已斷氣了。

鐵木真雖然受了點驚嚇，但他很快鎮定下來，像大人一樣擦了擦臉上的汗汗，抖了抖衣上的灰塵，站了起來。

也速該見到兒子的表現，不住地點頭。當天，也速該打了幾十只野物。

從第二天起，所有的人一起行獵，有的射獵，有的放狗追捕，有的飛鷹捉拿，場面激烈，十分壯觀。

承受亡父之痛

光陰似箭，日月如梭，轉眼間，鐵木真已經 13 歲了。這一天，父親也速該摸著鐵木真的頭說：「鐵木真，今年你已經 13 歲了，也到了定親的年齡了。今天，你跟我到你舅舅家去，給你找一個會過日子的好媳婦。」

「我……不想要老婆。我不想去。」鐵木真低著頭說。

「鐵木真，」母親月侖走了過來說：「怎麼不去呀？只有我們翁吉拉部的女孩子，才有資格做蒙古族首領家的媳婦。要聽你爸爸的話，乖乖地和你爸爸去吧！」

在當時，按照蒙古的習俗，貴族是不跟身分不相配的女子結婚的。翁吉拉部和也速該所在的乞顏部身分相當，兩個部族的後代結成夫婦，可以說是門當戶對，正和習俗。

鐵木真想了想，說：「那麼，媽媽也去吧，我們一造成舅舅家去待幾天。」

「傻孩子，我不能去，我要是也走了，誰照顧你的弟弟妹妹？再說人多也不方便。」母親轉身走到帳裡，隨後拿出新做的衣服，給兒子穿上。

這時，也速該站起身說：「說走就走，鐵木真，我們走吧！」

鐵木真穿著新大褂兒，不聲不響地跟在父親背後走了。

也速該父子倆騎上了一匹灰色的老馬。也速該揚鞭打馬，馬兒昂頭舉步，向遠方奔去。

父子倆騎著老馬在草原上整整跑了一天，在黃昏時分，他們來到翁吉拉部的牧地。

也速該抬頭看了看，離岳父家的帳篷已經不遠了，就讓座騎放慢了腳步。

這時，一個老人騎著馬正迎面走來。那人到了也速該馬前仔細看，張口叫道：「哈哈，也速該酋長，這可真是難得，沒想到會在這裡碰上你呀！」

也速該一看，來人是翁吉拉部的老朋友德薛禪，便有些歉意說：「哎喲，是德薛禪老哥呀！我還沒有看出你呢。」

德薛禪說：「咱倆可是多年不見了！也速該酋長，你還是那樣健壯！什麼風把你吹來了？快點兒吧，快到我帳裡去坐！」德薛禪總是那麼熱情。

也速該拱著手說：「不不，就不打擾您了。今天我帶著兒子是來辦一件事情，明天就要回去了，實在沒有空呢。」說著又道謝。

「怎麼這樣忙啊？你說說，到底辦什麼大事？看我能不能幫你的忙？」德薛禪是真心想留下這個遠方的來客。

「老哥既然這樣問，我也就不必瞞你了。」也速該指著騎在自己前面的鐵木真道，「我這孩子今年13歲，我是特地帶他到我岳父家，打算給孩子找個媳婦去。」

德薛禪聽完，他把視線投射在鐵木真的臉上。德薛禪看了一陣，指著鐵木真，對也速該說：「也速該酋長，你這裡子可是一個了不起的孩子啊！這孩子的眼睛閃著火焰一樣的光芒，臉上流露出一股英雄氣概！是一個難得的好孩子呀！」

在翁吉拉部落裡，德薛禪是一個很有學問、有見識的長老，德薛禪說出的每一句話，歷來都是很有份量的。

也速該一聽有學問的德薛禪對自己兒子誇獎，當然非常高興，便笑著

說：「老哥，說起來呀，我這孩子還真就有些不平常。記得以前我在塔塔爾部打了一場勝仗，活捉了一個叫鐵木真的俘虜。你可知道，這個叫鐵木真的俘虜英勇善戰，我很是佩服他呢。就在我回來的半路上，家裡的人就來給我報喜說，我的妻子月侖生了一個兒子。還說當這孩子生下來的時候，左手竟然攥著一塊髀石，左手還握著一團血塊。」

「髀石？」德薛禪感到很震驚，他接著問道，「就是那打野獸用的髀石？」

「就是打野獸用的髀石。我也覺得這孩子很是古怪。於是就請個算命的先生給算了一下。那個算命的人說，這孩子將來是一個堅忍勇決、蓋世無雙的英雄，說這孩子他會征服天下做君王！哈哈哈哈……」也速該笑了出來，他認為那算命的在胡說。

「哦……哦……這是很可能的。」德薛禪捻著鬍鬚，若有所思地說，「怪不得我昨晚做了一個特別奇怪的夢。」

「哦？那是什麼夢？」也速該一聽有些緊張。

德薛禪說：「我忽然夢見有一隻白色的老鷹，兩條腿夾著太陽和月亮飛到我手上來。我吃了一驚，睜開眼睛醒來。我就一直在想，今天，也許會碰到貴人呢！這不？果然碰上了您。現在天已經黑了，也速該酋長，還是請到我帳裡休息一晚吧！」

德薛禪老人說完，也不管也速該同意不同意，就伸手牽過馬韁，拉著馬向他的氈帳走去。

也速該一看，再也不好意思拒絕這位熱情的老哥，就帶著鐵木真跟他去了。到了氈帳一看，帳裡的各種日用家具陳設都很講究，而且都乾乾淨淨。在漠北，這樣的家布置真算得是一戶中上人家了。這是也速該第一次到德薛禪家來，看了帳裡的這些家具，他更相信在翁吉拉部裡，這位德薛

禪老哥的確是一個非常有地位的人。

「方才聽你說，你今天就是為了給兒子找個媳婦來的，是不是？」大家坐定以後，德薛禪問道。

「嗯，是的，我打算帶這孩子到舅舅家去，給他找一個會過日子的媳婦。」也速該答道。

「要找媳婦的話，又何必非要到你岳父家去呢？」德薛禪又看了看鐵木真，說，「也速該酋長，你知道，我們翁吉拉部向來是以美女多出名的。換句話說，我們部落的美女到處都是。我們可不像你們喜歡彎弓射箭的，我們過著一種平靜日子，盡心教養女孩子，養大了就送到那些大王大汗身邊，陪這些英雄豪傑過日子。」

「嗯，這些情況是這樣的。」也速該點頭說。

「老實告訴你吧，我的家裡也有一個很漂亮的女兒呢！」德薛禪帶著得意的神情，繼續對也速該說，「我的女兒是一個很不平常的美人呢，這孩子不但性情溫柔，而且舉止大方。但可有一樣，只要是我看不上眼的男孩兒，不管他拿多少聘禮來請求，我也是不肯輕易許婚的！」在也速該和鐵木真面前，德薛禪把他的女兒捧上了天。

也速該說：「照你這樣說來，那倒真是一個難得的女孩了！」

德薛禪說：「怎麼？也速該酋長，如果你不相信，我這就叫我女兒出來，給你看看 —— 孛兒帖呢？孛兒帖！」說著就大聲喊他女兒的名字。

「來了。」一聲清脆的女孩子應答，從帳後閃出來一個漂亮大方的少女，她款款地向這邊走了過來。

也速該一看，真是果如其言。他當場誇讚：「的確長得很好，眼睛就像黑珍珠，恐怕天上的星星也沒有這樣燦爛的光芒呢！」

德薛禪更加得意了，他說：「怎麼樣？也速該酋長？我女兒果然不

錯吧？」

「不錯不錯！現在我決定，如果你沒什麼意見的話，我就給我兒子鐵木真訂下這門親事！」也速該本來就是乾脆的性格。

鐵木真和孛兒帖的婚事就在這樣一場談話中定了下來。定親當天，他們吃了定親的喜酒。原打算在第二天鐵木真要隨父親回去的，可是德薛禪老兩口太喜歡鐵木真這個未來的姑爺了，就留下鐵木真住些日子。

第二天早晨，也速該告別德薛禪一家，揚鞭打馬，獨自走在回家的路上。在途中，也速該剛走出不遠，就遇上了塔塔爾部擺設酒席。按照當地人的習俗，在草原上遇到了筵席就要下馬，以示禮貌。飢渴的也速該就和塔塔爾人一起宴飲起來。

塔塔爾部歷來居住在蒙古部的東南面，他們佔有呼倫貝爾湖區最為富饒的草原，勢力相當強大。塔塔爾部當時正與占據中原地區的金國打得火熱，而金國也常常支持塔塔爾部挑起與其他各部的爭鬥。

以前，塔塔爾人仰仗金國的勢力，做了很多有損於蒙古族各部的事情。鐵木真父親也速該的三世祖曾是蒙古部首領，他就是被塔塔爾人擒獲之後送交金國處死的。蒙古人早就對塔塔爾部恨之入骨。

按照當時蒙古族人的風俗習慣，親族遇害，就應該毫不猶豫地為之復仇。各部落、各氏族都約定俗成地遵守這復仇的制度。

蒙古部曾經在一次復仇戰鬥中獲得了勝利，並且活捉了塔塔爾部的首領特姆真烏戈。

儘管蒙古族與塔塔爾是世仇，但草原見席下馬的規矩誰也不能破，也速該作為一個部族首領，自然要遵守的。

在宴席上，塔塔爾人認出了也速該，就熱情地邀請這位酋長入席。也速該顯然無法拒絕。

也速該按照習俗入席飲酒吃肉，不料，陰險的塔塔爾人在酒席上也不忘仇恨，暗將毒藥放在食物中，又在送行酒中下了劇毒。

也速該不明就裡，吃肉飲酒，已是在劫難逃了。他在回來的途中，腹部突然劇痛。

也速該立刻意識到自己被塔塔爾人暗算了。他勉強支撐著到了家，一下從馬上摔了下來。

夫人月侖忙請最出名的薩滿巫師施法治療，可是也速該仍然不見好轉。

月侖又讓僕人上山採藥，她親自熬湯解毒。然而，毒藥已深入內臟，再無化解救治的可能了。

此時，也速該已經知道自己不久於人世，他示意家僕蒙力克到身邊來，抬起頭，艱難地說：「我在送鐵木真回來的路上，被塔塔爾人在酒席上暗中投毒。我……我現在腹痛……很難受，請你……請你照料……幼小的孩子和寡嫂。你……你現在快去……把我兒子鐵木真叫……叫回來！」說完，也速該的頭便向一邊歪過去。

突然的死亡，也速該來不及做任何準備。他拋下了自己的妻子月侖，還有13歲的大兒子鐵木真、次子合薩爾、三子合赤溫額勒赤、四子帖木格斡惕赤斤，還在襁褓之中的小女鐵木侖。還有自己的別妻速赤吉勒，以及速赤吉勒為他生下的兩個兒子別克鐵耳和別勒古台。

帶著對這個世界太多的不放心和遺憾，也速該撒手而去了！

匆忙趕來的蒙力克以也速該夫婦思念兒子為由，要求將鐵木真帶回乞顏部。而聰明的德薛禪馬上就察覺出有些不對勁，在蒙力克到達當天，德薛禪選出了幾匹快馬，立刻安排鐵木真火速趕回去。

等到蒙力克把鐵木真從德薛禪家裡急急忙忙帶到家裡，也速該已經毒

發身亡了。鐵木真見父親死去，放聲悲哭不已。

母親月侖面容戚然而嚴肅地向鐵木真傳達了也速該最後的遺命：鐵木真長大後要替父報仇，踏平塔塔爾，將所有高過車輪的塔塔爾男子都要全部殺掉！

也速該一死，他的部落一下子人心渙散，族人紛紛離開本部落，投到別的地方去了。乞顏部的勢力迅速衰落。

首領一死，族內人的反應特別冷淡，月侖帶著一幫孩子整日以淚洗面。然而，孤兒寡母的淚水並沒有喚起他們的同情，沒有人前來撫慰他們。

鐵木真彷彿自己一下子長大了許多，他跪在母親的腳下，哭著立下誓言：「無論前途有多艱險，我一定要戰勝一切，披荊斬棘，把自己鍛鍊成一個頂天立地的男子漢，用自己的雙手殺死父祖輩的世代仇人塔塔爾人和金人！不達目的，絕不罷休！」

聽了鐵木真誓言，母親月侖走上前去，扶起兒子，緊緊摟住鐵木真，堅定說道：「鷹的兒子不會變成山雀，陽光孕育出來的後代也不會成為馬賊，你是天狼星轉世，一定要成為全蒙首領，各部汗王！」

聽了母親的話，鐵木真及其弟弟們，一齊上前伸出手來，簇擁在月侖周圍。

從那時起，鐵木真的生活開始貧困下來，他們幾個孩子只好與母親相依為命。家裡的財產被人拿光了，他就去野外採集野果和草根來充飢。但是，艱苦的生活不但沒有擊倒鐵木真，反而鍛鍊了他的意志，健壯了他的體魄。

普通人的生活經歷，也使他更加注意保護生產，維持與部眾團結的重要性。

漸漸的，鐵木真長成了一個英勇健壯而又足智多謀的青年，他尋找著

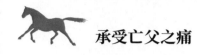

父親往日部眾，並且與父親好友建立起聯盟，這些使得他逐漸恢復了在族內的首領地位。

　鐵木真認真處理著與周圍部落的關係，盡量擴大自己勢力範圍。

困苦中堅定信念

這年春天，鐵木真曾祖合不勒汗之弟俺巴孩的夫人斡兒伯和莎合台兩人一起去祭祖，月侖夫人去得遲了些。按道理，祭祀祖先，祭肉是要大家分享的，但這次卻沒有月侖的份兒。月侖母子到達的時候，發現祭祀已經結束了，桌子上的供品空空如也。

月侖知道遲早都要有這麼一天了，據《蒙古祕史》裡面的記載，面對這奇恥大辱，她質問道：

也速該雖然死了，但是我的兒子不能長大了嗎？難道我的兒子們就不能長大成人了嗎？祭祖的供品人人有份，憑什麼不分給我們？你是不是已經不把我們算作是乞顏部的人了呢？

月侖繼續質問道：

今天不分給我們供品，不給茶飯，他日轉移營地，是不是也想拋棄我們啊？

斡兒伯不等月侖母子，提前進行祭祀的時候，就已經是對捏昆太石兄弟進行了一種試探。

見捏昆太石和答里台並沒有什麼強烈的反應，斡兒伯知道了捏昆太石兄弟沒有膽量去對抗有野心的泰亦赤兀剔家族，於是更加有恃無恐：「你們母子遇飯便吃，遇水便飲，我們虧待過你們嗎？可祭祀祖先這樣大的事情，你們卻遲遲不到。既然你們眼裡沒有祖先，還有什麼資格分享祭祖的供品呢？」

此時，捏昆太石和答里台也沒有站出來替月侖母子講話。

斡兒伯看著孛兒只斤家的和主兒乞家的，乾脆把話說絕：俺巴孩汗

死了，月侖才敢這樣橫行無忌，說了這些不講理的話。她既然汙蔑我們要拋棄她，我們乾脆把他們母子撇在營地裡，換一個營地，不要和她們在一起了。

第二天一早，泰赤烏人部的兩個頭目就率眾拔營順斡難河而去。

月侖夫人和鐵木真他們眼睜睜地看著族人都在搬遷帳幕，紛紛離開他們，心裡非常難過。就在這時，只有一個叫做脫延朵的叔祖父留在他們這一邊，多多少少給了他們母子壯點聲勢。

但是過了沒幾天，脫延朵的氈帳也開始拆遷了。鐵木真看見時心驚，忙跑來跟母親月侖商量。鐵木真跑去哀求脫延朵：「叔祖父，別人可以走，但是您是不能丟下我們不管的呀！我父親在世的時候，向來是很尊敬您的，而且您也受到了全體族人的尊敬。您這樣一走，恐怕所有的人就都要走光了呀！」

脫延朵悶聲不響，理也不理地只管拆帳幕。鐵木真一看更加著急，就去向察剌哈老人求援，請他出面勸阻。

察剌哈得知鐵木真告知的情況，認為這事特別嚴重，他立刻三腳並作兩步，趕到了脫延朵的氈帳那邊去勸阻。他說：「脫延朵老人，您就看在死去的也速該面子上，請暫時留下來吧，您就給這孤兒寡婦壯壯聲勢吧！」

脫延朵聽察剌哈這樣說，立刻豎起濃眉，把手中的器具往地上一丟，瞪著眼睛對察剌哈喊道：「水都乾了，石頭也都沒了，光我留下來，還能幹什麼！」

察剌哈繼續苦苦相勸：「您的話不能這麼說。也速該在世的時候，你們倆那樣好，現在也速該死了，留下了那一大幫孩子，你總不應該硬著心腸，就這樣丟開他們走了啊！」

察刺哈老人話音未落，脫延朵伸手抓起一根長矛刺向察刺哈。察刺哈躲閃不及，背上被紮了深深的傷口，立即就倒下去了。察刺哈老人忍痛爬起來，跟蹌著奔回家。

　　鐵木真得知發生了這樣不幸的事故，就急忙趕到察刺哈老人家裡去問候。他進帳一看，察刺哈老人正側著身子躺在氈毯上，合著雙眼在那裡喘息。

　　鐵木真說：「為了我們一家，害得您吃這麼大的虧！沒想到脫延朵這樣不講情理。我媽媽一知道這個消息就哭個不停，馬上叫我來告訴您老人家，我們一家人，都永遠忘不了你的恩德！希望您老人家安心地靜養！我相信，您的傷很快就會好的。」鐵木真雙膝跪倒在察刺哈老人的枕頭邊，向老人千恩萬謝，淚水在他的滿臉流淌。

　　察刺哈老人勉強地睜開了眼睛，他說：「鐵木真哪，你父親剛死沒幾天大家就叛離你們，投到別的部族去了，我實在是不忍心你們吃苦，去勸脫延朵能夠留下來⋯⋯」老人家停下，喘了幾口氣。

　　「哪裡想到，這個蠻不講理的脫延朵，他不但不聽我的勸告，反而用長矛扎我，唉！」說著，淚水從老人的眼裡流出來。「我已經這麼大的年紀了，死了倒還沒什麼，可是⋯⋯可是你們母子這樣孤單，可怎麼活下去呀⋯⋯」

　　鐵木真帶著哭聲，竭力安慰老人家。他有氣無力地回到家，把察刺哈老人說的話，連哭帶訴地告訴了母親。

　　聽著聽著，月侖倒豎起兩道柳眉。她說：「鐵木真，你別這樣懦弱，把眼淚擦乾。跟我來！」她一把拉住鐵木真，疾步出帳。

　　她跨著大步說：「那些人欺侮我們太厲害了！我雖是個女流之輩，難道真的一點兒用也沒有嗎？現在，我倒要跟他們拚上一拚了！」

　　母子倆來到周圍的帳幕，叫帳裡的每個男人都帶著武器出來，快速到她的帳前集合。月侖回到自己的氈帳，把一面代表「蒙古汗」的「飛旗」找了出來。

　　「大家看到了這面旗子，總會想起些什麼吧？」月侖不管人數多寡，她揮著那面旗說，「大家跟也速該一起的那段歲月不能算壞吧？前一段時間，有人受了別人的煽動投奔別的部族，現在，又有一批人要走。現在，就請大家看在死了的也速該汗面兒上，跟我把他們追回來吧！」

　　月侖說完，不待大家說話就跳上馬背。她喊道：「現在，我們立刻出發！」

　　大家一看到那面旗子，又聽到月侖的號令，就覺得再不能不聽這女人的話了。因為在過去，大家畢竟在也速該汗領導下建立過不少功勛。當也速該的妻子月侖夫人把旗子一舉起來的時候，眾人身不由己地聽從了她指揮，上馬出發了。月侖舉著那面旌旗，帶著鐵木真在後面壓隊。

　　不到半個時辰，月侖的隊伍就趕上了另一個更大的搬遷隊伍。那是由脫延朵領頭兒要搬到別處去的一群叛徒！

　　脫延朵正揚揚得意地騎在高頭大馬上往前趕著路，忽聽從後面傳來一陣喧嚷聲。他回頭一看，原來是寡婦月侖帶著人從後面趕來了。

　　月侖驅馬近前，指著脫延朵說：「你是我家的長輩！為什麼要丟下我們溜走？我死去的丈夫也速該待你不薄，我們母子也還要靠你扶助，別人走也就罷了，可是你走了，你自己想想，你對得起死去的也速該嗎！？」

　　脫延朵聽月侖夫人這麼一說，羞得滿臉發紅，他想不出任何話來回答。最後只有調轉馬頭，不聲不響地溜了。

　　跟在脫延朵後面那夥人看見首領一走，也想跟上去。月侖對跟自己來的人喊道：「大家圍上來，我看今天不流血，是不能收場的！」

族人被月侖夫人這一吼，不顧一切圍了上去。那夥人一時也沒主意，有的還要前去，就舞著長矛，橫衝直撞地撥開周圍槍叢衝出包圍圈，沒命地跟著脫延朵跑。有一部分人剛一見了月侖夫人的面，手腳就軟了，雖然擺出要走的態勢，但一時間僵在那裡。

　　月侖見這些人還能留得下來，便緩和口氣說好話：「大家沒有對我動手，我非常感激你們。我希望大家別像脫延朵那樣見識短淺。要知道，瓦片還有翻身的日子呢！你們要是能留下來的話，只要我兒子鐵木真將來有了成就，就絕不會忘記你們今天的義舉！」

　　鐵木真等母親說完話，見大家的臉色也緩和下來，就立刻跳下了馬來，跪在地下，哭著向大家叩頭，苦苦哀求。

　　最終大家被他們母子給感動了，於是一起向鐵木真回拜，說：「好，不走了，不走了，我們一起苦撐下去吧！」

　　就這樣，總算有一小部分的族人被月侖追了回來。

　　月侖帶著孩子們繼續艱難地生活著。在極度困難時候，鐵木真一家靠著草根、野果、野韭、野蔥度日。

　　當時流行一首蒙古人的詩歌這樣寫道：

生性賢明的月侖母親，
撫育著年幼的兒子們，
頭戴固姑冠，
腰束帶子。
來往於斡難河畔，
採摘樹梨野果，
謀度艱苦的日子。
生而有膽識的月侖母親，
撫育著聰明的孩子們，

手持檜木橛子，

來往於察把赤木地方，

掘取紅篙草根，

謀度艱苦的日子。

生而俊美的月侖母親，

手持木鉤棍子，

來往於斡難河濱，

採摘野韭野蔥，

撫育著有福的兒子們。

生而賢明的月侖母親，

以草根養育的兒子們，

都有治國的才幹，

生而俊美的月侖母親，

以野蔥野韭養育的兒子們，

都有福祿氣象，

月侖母親撫育的兒子們，

都有英勇氣概，

為報答母親的恩情，

往有魚的河上去，

坐在斡難河畔，

釣取水中的游魚，

奉養母親！

艱苦環境，磨煉了孩子們意志，形成了他們堅忍不拔的性格。鐵木真漸漸長大，開始帶領弟弟結網打魚，彎弓捕獵，幫助母親，擔負著作為長子的責任。

鐵木真用針製成魚鉤，到斡難河邊去釣魚，有時可以釣到大魚，但有時卻只能釣到類似鮭魚的茴魚以及其他小魚。他把釣來的魚奉獻給母親。

按照常理，這同病相憐的一大家子更應該相互扶持，度過這流離失所的艱難時期。沒想到，家庭內部爆發了一場血腥的衝突。

鐵木真的同父異母兄弟別克鐵耳，非常好強，他先是搶了鐵木真釣來的一條鹹水魚，而且不顧鐵木真的警告，搶了鐵木真捉到的一隻雲雀。這可把年少氣盛的鐵木真給惹惱了，他於是與別克鐵耳打鬥了起來，怒火之下卻拔箭射死了別克鐵耳。

闖了大禍的鐵木真一回家，他媽媽馬上就瞧出了不對勁。知道鐵木真射殺了自己的兄弟之後，她滿腔悲憤，責罵鐵木真：「你就像一隻要吞食自己胞衣的狗，又像衝向懸崖的野獸，簡直像忍不住怒氣的獅子，又像吞下活物的蟒蛇……你除了影子沒有別的伴，除了尾巴沒有別的鞭子，這樣我們的大仇怎麼能報？」

母親非常傷心，這對鐵木真觸動很大，他從此記住母親的教誨，改掉了魯莽的性格，克服了打架鬥毆的習氣，他覺得自己要學得有智慧和有謀略，這樣才能成大器。

重友情結拜兄弟

一天，鐵木真在家用松枝做箭，別勒古台騎著禿尾草黃馬去打鼠，合薩爾帶著兩個弟弟去撈魚，母親領著小妹妹去撿糞。中午時分，母親領著妹妹剛回家，只見西邊揚起了灰塵。

「媽媽，你看那邊怎麼揚起那麼大的灰塵？」鐵木侖喊。鐵木真聽見，以為又來了敵人，便準備迎敵。

一群草原盜賊突然潛來，把這八匹馬全部劫掠而去。在這八匹馬中，有一匹銀灰色騸馬，雄駿異常。

鐵木真兄弟幾人只能眼睜睜地看著這八匹馬被歹人搶走，毫無辦法，因為當時家中僅剩下的一匹劣馬也被別勒古台騎去獵取旱獺去了。

他們幾個人在盜馬賊後面徒步追了一陣，根本無法追上，只好悵然而回。直到傍晚夕陽西下之時，別勒古台牽著那匹劣馬回來。

對於鐵木真全家來說，這是一場災難。因為，鐵木真一家只有九匹馬，被盜走八匹，這就意味著不可避免的破產和毀滅。

別勒古台一聽說馬匹被盜走了，當即自告奮勇地要去追回來。

合薩爾說：「你不能去，我去！」

鐵木真知道這些馬是他們家庭的命根子，追回失馬，自己責無旁貸，他對兩個弟弟說：「你們都不行，還是我去追！」

說罷，他帶上乾糧，騎上禿尾草黃馬，循著蹄跡，追了下去。他追呀追呀，一直追了 3 天 3 夜。

第四天早晨，在路邊馬群旁遇到一位伶俐的少年，他正在擠馬奶。

鐵木真上前打聽白騸馬的消息，那少年說：「今早日出之前，有八匹白騸馬從這裡被人趕過去了。」

他接著對鐵木真說：「朋友，我幫你去追！我父親叫納忽伯顏，我是獨生子，叫博爾術。」

博爾術是阿兒剌部人。阿兒剌氏與孛兒只斤氏有比較近的血緣關係，納忽伯顏與鐵木真的父親也速該曾經作過好朋友。博爾術很佩服隻身逃出泰赤烏人魔掌的鐵木真。因此願意在鐵木真遭遇不幸時，伸出援助之手。

博爾術叫鐵木真換了一匹黑脊白馬，自己騎一匹淡黃色快馬，把擠奶的皮桶用皮蓋蓋上，扔在外面，也不回家打招呼，就與鐵木真出發了。

他倆查蹤追尋，一天傍晚時在一家營地外看見了那 8 匹白騸馬。

鐵木真對博爾術說「朋友，你在這裡等著，我把馬趕來。」

博爾術聽了，說道：「既然一同來了，為什麼我要待在這裡。」於是一起過去把馬趕了出來。

營裡的人聽到外面馬蹄聲響，出來一看，見搶來的馬被人趕跑了，便追了出來。一個騎白馬的人手拿套馬桿，獨自趕上來。

博爾術說：「朋友，把弓箭給我，我射死他。」

鐵木真說：「這很危險，你不能為了我受害，我去！」說罷，他迎上前去與之對射。

他且射且走，後面的盜賊也陸續趕了上來。此時夕陽已落，天已昏黑，盜賊不知底細，不敢貿然窮追，漸漸被鐵木真兩人甩遠，落在了身後。他兩人趕馬走了三宿，來到博爾術家。

鐵木真說：「朋友，如果沒有你，我怎會奪回我的馬？我分一些馬給你，你要幾匹？」

博爾術說：「我的好朋友，因為看見你受苦難，我才幫助你。我父親置辦的家產，僅夠我受用，能幫助朋友是一件快樂的事，要是做了好事就希望別人來報答，還有什麼意思呢？」

重友情結拜兄弟

博爾術帶著鐵木真進了家，納忽伯顏以為兒子失蹤了，正在痛哭流涕，看見博爾術回來了，一面哭一面責備說：「我兒，你說。你怎麼了？」

博爾術回答說：「沒有什麼，我看見這位好朋友有了難處，就和他結伴出去了，現在回來。」說完又走到外面，把他離家前藏在草地上的擠奶用的木桶、皮斗取了回來。

為了給鐵木真送行，博爾術殺了一隻羊羔，又在皮桶裡盛上了馬奶，給他做路上的飲食。納忽伯顏認可了這兩個夥伴的友誼，對他們說：「你們兩個少年，今天互相照顧，以後也要好好地友愛，互不相棄！」

鐵木真告別了博爾術父子，趕著八匹馬，又走了 3 天 3 夜，回到家裡。他母親和弟弟們見他回來，大家歡喜異常。

他把路上與博爾術結拜為安答的事說了，母親說：「你結拜好朋友，這是件大好事。」

鐵木真與博爾術的友誼就這樣開始了，這是鐵木真少年時結交的第一位朋友。

從此以後，博爾術隨從鐵木真，充當「那可兒」，即伴當，共履艱危，義均同愾。當三姓蔑兒乞人襲擊蒙古部時，博爾術隨從鐵木真逃避於不兒罕山，倖免於難。後來他又隨從統一蒙古諸部，無役不從，屢救鐵木真於危難之中。鐵木真稱汗後，他與木華黎、博爾忽、赤老溫並稱「掇里班曲律」，即蒙古語四傑的意思。死後被追封廣平王。

躲避泰赤烏人的追殺

一天，察刺哈老人的兒子蒙力克趕來報喪，說他的父親因傷重去世了！

月侖夫人趕緊幫著蒙力克辦完了察刺哈老人的喪事。鐵木真看著察刺哈老人的屍體，心裡悲痛難忍，禁不住放聲大哭。

月侖夫人看蒙力克孤單單的一個人，就叫他搬到自己的家裡來，和他們住在一起。

蒙力克盡心盡力地替月侖夫人做家事。

蒙力克來了以後，鐵木真家裡雖然有了一個像樣的家長，可是，生活還很清苦，最主要的是家裡孩子太多。

鐵木真有 3 個弟弟，就是合薩爾、合赤溫、帖木格，還有一個叫做鐵木侖的小妹妹。

另外，蒙古男人是可以隨便娶幾個老婆的，鐵木真還有一個不同母親的弟弟別勒古台。

孩子多，就得想盡各種方法，去找吃的東西。大家除了到山裡捕獵些飛鳥和田鼠以外，還得到河裡去打魚，到山野裡挖野菜。他們就這樣一天到晚，為了肚子而忙著，可是依然不能填飽肚子。

就這樣日子久了，月侖總覺得這個只有孤兒寡婦的家，實在少不了蒙力克這樣一個男人。她和大兒子鐵木真商量過後，和蒙力克結成了夫婦。

月侖夫人帶著這群孩子，正在飢餓中掙扎之際，泰赤烏部族人卻召集了蒙古各族，推選新的蒙古汗了。

在這一次的推選大會中，泰赤烏部族仗著人多勢大，占了絕對的優勢。乞顏族人儘管並沒有忘記他們的老主人，可是誰也不敢提到還只有13歲的鐵木真，而是把塔爾呼太選為首領。

月侖聽到了這個消息，心裡難免氣憤不平，可是，也只有忍氣吞聲地等待時機，等孩子長大了再說。

蒙力克為了要給這群孩子們吃得好些，常常獨自出去，到深山裡去打獵。有時候，他往往當天趕不回來，要在山裡過夜，到了第二天，就會趕回來，而且總帶了獵取的大量鳥獸回來，讓孩子們有一兩天的好日子過。

這次，蒙力克已經出去第三天了，月侖總不見丈夫回來。到了夜裡，還是看不見蒙力克的蹤影。

月侖在孩子們睡了以後，就來到帳幕外面，在夜色中踱來踱去，等待著丈夫蒙力克回來。

夜深了，帳幕外面慢慢冷了起來，天上沒有月亮，連星星也看不到幾顆。她在黑暗裡一直等候到半夜，到底耐不下去了，就摸進帳幕裡去，倒在氈毯上了。

月侖才休息了一會兒，一絲極其微細的聲音從很遠很遠的地方，隱隱地傳進了她耳朵裡來。她就用全副精神來傾聽，終於聽清楚了，那是馬蹄在草原上瘋狂奔馳的聲音。

她急忙披上衣服起來，走出帳幕，在黑暗裡焦急地豎起耳朵，仔細地傾聽著。

果然，那急促的馬蹄聲越來越近，不一會兒，一頭座騎衝到了帳幕的門前來。

「是你站在那裡嗎？月侖？」蒙力克還沒有下馬，就這樣急急地問道。

「我在等著你呢，三天了，蒙力克！」月侖興奮地回答。

「月侖，泰赤烏人來了！趕快叫醒孩子們，馬上離開這裡！」蒙力克急促地說。

「這是怎麼一回事？蒙力克，你說清楚一點！」月侖一聽，就著了慌，急忙問著。

蒙力克氣喘吁吁地說道：「這次，我順便到泰赤烏部去找個朋友，那朋友好意地告訴我，叫我趕緊回去，因為新汗塔爾呼太說：『羊羔兒的毛脫了，羊羔兒的身體也長大了，得馬上動手！』那朋友還告訴我，事情就要發生了，遲一步恐怕來不及，叫我們趕緊走，我就連夜趕了回來。」

「你是說，塔爾呼太怕孩子們長大了報仇，就要派人來殺害我們，是嗎？」月侖又問。

「是的，而且聽說塔爾呼太會親自來呢，至少要帶一百多人前來，天明以前就會趕到這裡。」蒙力克下了馬，拉著妻子月侖，慌忙奔進帳幕裡。

一會兒，孩子們都被叫了起來。大家騎上馬，只等動身。

「大家先躲到那邊的樹林裡去。」蒙力克指著西南方的一個樹林子，「你們先走，我留在後面擋一陣，能夠勸住他最好。」

「還是一起走吧，我看勸也沒有用，盡量走遠些，比較安全。」月侖不想與蒙力克分開。沒有男人在身邊，她到底有些不放心。

蒙力克不肯聽，還是要她帶著孩子先走，唯恐多耽擱時間。她只好硬著頭皮，帶著一大群孩子走了。

月侖和她的小女兒鐵木侖同騎一匹馬。她一面走，一面還是不斷地回頭，總希望蒙力克能跟上來。

過了好一陣子，夜幕低垂，蒙力克連影子也看不見了。她咬著牙，

舉起馬鞭，用力在夜空裡揮動，她那座騎就拉直 4 條腿，飛也似的向前奔去。

「趕快些，鐵木真！」月侖催促孩子們，趕緊趕路。

鐵木真跑在最前面，聽她母親一再催促，舉起馬鞭子，不停地往馬身上抽。天還沒亮，他們趕了 30 公里路，到了一座大樹林裡，才一起停了下來。

大家在樹林子裡休息時，鐵木真並沒跟大家一起休息。他在樹林子裡到處摸索了一陣，看清楚了地勢，就叫合薩爾、別勒古台這兩兄弟去砍了些樹枝，架起了一個防禦的木柵欄。

這樣布置好了，鐵木真才坐下來休息。

看看這些簡單的防禦工事，鐵木真自己也知道並沒有多大的用處，只是總比沒有要好些。敵人真的追了來，除了拚死命廝殺以外，再沒有更好的方法。

合薩爾的箭在打獵時，常常百發百中，大出風頭，今夜他就把全副精力集中在手裡的一副弓箭上。他把箭扣上了弦，躲在一棵大樹背後，注視著展開在眼前一片黑沉沉的原野。

別勒古台也找好一個隱身的地方，不聲不響地埋伏好，手裡抓緊他愛用的那副骨朵，只等敵人到來，決心要顯一顯他的小本領。

還好，敵人最終總算沒有來襲擾他們。

他們就這樣日復一日、月復 1 月、年復一年地艱苦生活著。拋棄他們的那些人認為，他們一家在斡難河上游無依無靠，必定餓死凍死，除此不會有其他出路。

在漠北那樣惡劣的氣候條件下，在冷酷無情的社會環境中，孤兒寡母如何能自救？如何能活命？

然而，他們孤兒寡母卻活了下來，這是因為，他們是屬於古代的剛強的種族。

逃出泰赤烏人的魔爪

鐵木真已經長到 16 歲了。這一年，一個意外之禍又從天而降。

也速該被害後，他的家族中只有寡妻月侖和鐵木真等四個幼小的孤兒、一個孤女。泰赤烏部落的人欺負他們年齡幼小，根本沒有把他們當一回事。

泰赤烏人的首領塔爾呼太對鐵木真母子的消息不斷有所耳聞，他本來希望他們在苦難中喪命，沒想到他們竟然渡過了難關。這不能不使他十分害怕。

險惡的塔爾呼太擔心鐵木真兄弟有朝一日會對他進行報復，就決定斬草除根，先下手幹掉鐵木真，他認為只有這樣才能避免後患。

塔爾呼太召集了自己的部眾，對他們說明了自己的意圖：「我們原來撇下的鐵木真母子們，莫不似飛禽的雛兒般羽毛豐滿了，走獸的羔兒般已經長成了。我們去探聽一下他們的消息吧！」

於是他率領一些人，向鐵木真一家的住地撲去。

急促的馬蹄聲打破了斡難河畔的寧靜，黑壓壓的騎士群預示著一場戰爭的來臨。

月侖很快意識到是泰赤烏人來襲，來者不善，善者不來，她馬上招呼全家人遷到樹林中躲避。

鐵木真指揮合薩爾、別勒古台以樹幹做掩護，制止他們出去衝殺，避免與敵人短兵相接，用弓箭阻止敵人的進攻。

十幾歲的別勒古台已經力大無窮，他迅速砍了一些樹木做藩籬，紮成了一個防守的營寨。

合薩爾已成為一名神箭手，百發百中。泰赤烏人衝上來了，他連續射倒了幾個衝在前面的小頭目。這使泰赤烏人大為震驚，攻勢頓時減弱。

進攻的泰赤烏人一時無法得手，鐵木真他們一時也不能脫身，戰鬥進入相持狀態。

月侖乘機把年幼的合赤溫、帖木格、鐵木侖藏在山上的崖縫中。

泰赤烏人為了分化瓦解對方，減輕抵抗，減少傷亡，對合薩爾喊道：「我們只要鐵木真，叫他出來，其餘的人我們一個也不要。」

鐵木真聽到了他們的喊聲，就想挺身而出，讓全家人脫離險境。

月侖一把拉住了鐵木真，叫他不要上當受騙。鐵木真靈機一動，又想出了一個好主意：他飛身跳上一匹戰馬，對泰赤烏人大叫大罵，然後掉轉馬頭，向山林深處跑去。泰赤烏人跟蹤追擊。

合薩爾、別勒古台趁機保護全家轉移了陣地。

鐵木真快馬加鞭，鑽入斡難河上游森林中去了。

這森林中密密麻麻長滿了雪松、落葉松和其他樹木，極不利於大部隊展開行動。

泰赤烏人見鐵木真騎馬而逃，便一齊縱馬追來。鐵木真飛馬馳入深山，山上林木更加茂密。

泰赤烏人不敢深入，只好緊緊地圍住森林，等待鐵木真飢餓難忍之時自己走出林來。

就這樣，鐵木真獨自一人在密林裡藏了3天3夜，泰赤烏人也在林外圍了3天3夜。到了第四天，鐵木真實在飢餓難熬，於是決定尋找一條出路。他牽著馬向林邊走去。走了幾步，回頭一看，見馬鞍子丟了，只有馬的攀胸和腹帶還在。

小英雄不知原因，便認為這是天意，是天在保護他，不讓他此時出林

冒險。於是鐵木真又原路返回密林，又在林中躲了３天３夜。最後，飢腸轆轆的鐵木真又牽馬向林外走去。

待鐵木真來到林口，突然一大塊白色岩石從山上崩塌下來，滾至他面前，擋住了他的出路。

於是鐵木真再一次原路返回，又在密林中堅持了３天３夜。

但到第九天，鐵木真實在支持不住了。在整個這段時間，他除了吃過幾個野果以外，沒有吃過任何食物。他想，與其在這裡毫無作為地挨餓等死，不如冒險出去。

決心已定，鐵木真便抽出平時用以削箭的刀，來到那塊大岩石前，揮刀斬斷纏在岩石周圍的籐條和樹枝，開出一條通道。然後，他牽著馬，循著砍開的路向外走去。

他剛一走過岩石，只聽一聲響，埋伏在林口的泰赤烏人便一窩蜂地撲上來。鐵木真被擒做了俘虜。

泰赤烏人在斡難河畔設宴。他們大吃大喝，熱鬧非常，直至日落西山，方宴罷而散。

此時看守鐵木真的是兩個身體並不強壯的年輕人。鐵木真注意到了這一點，他心中也就估量出了這個年輕人力量的大小。

鐵木真是一個年輕力壯的小夥子，而且機敏過人，敢作敢為，果斷堅決。他心裡盤算著如何利用這個機會，對付眼前這兩個年輕人。他耐心地等待著，等到夜幕降臨。

泰赤烏人喝足了馬奶酒，一個個回到蒙古包去休息時，鐵木真便開始按盤算好了的計劃行動。

鐵木真耐著性子又等了好一陣，河邊慶祝宴會上的聲音終於完全沉寂了，再看看眼前看守他的這兩個傢伙，早已躺在地下，打著鼾聲，睡得像死豬一樣。

他慢慢地挺起身子來，輕輕地走動了幾步，看看那兩個傢伙到底聽沒聽得見。

他來回走了幾趟，那兩個傢伙一點兒反應也沒有。他故意放重腳步，又來回走了幾次。這時，打呼聲雖然停了一下，可是，一會兒又呼呼地打起鼾來。

於是鐵木真就放心了。他繞過那兩個人的身邊，慢慢地走出去，到了門口兒，伸出頭去，向帳外仔細地看了看。空地上連半個人影也沒有，各個帳篷裡，也都寂靜無聲，燈火也都熄了，看這光景，帳幕裡的人都到河邊參加宴會去了。

他想：這時如果朝著相反方向逃走，即使宴會裡人沒醉倒，視線也會被帳幕擋住，不會立刻被發覺，這倒是一個逃命好機會。

可是眼前最大的困難卻是脖子上的這個木枷。帶著這樣一個笨重的木枷，打又打不開，怎能跑得遠呢？然而也顧不得這麼許多了，他把心一橫，鑽出帳幕門，背著斡難河，一路飛跑了去。

茫茫四野，往哪裡跑呢？藏身於斡難河畔林中嗎？那肯定會被搜出來的。鐵木真停下想了想，便果斷地決定跳入河水中溜到蘆葦叢裡，只把面目露出水面，一直還戴在脖子上的木枷此時正好做浮子。

才跑過兩座帳幕，迎面衝出一個孩子。那孩子一看到他，嚇得叫了起來，可是等他才叫了一聲，鐵木真就把肩上扛著的木枷，迎頭撞了過去！那孩子被撞昏了，他才逃過這驚險的一關。

他拚死命跑了一陣，背後響起了一陣喧鬧的聲音。原來，那兩個看守鐵木真的傢伙醒過來一看人不見了，便大叫犯人跑了。泰赤烏人一聽鐵木真跑了，馬上集合隊伍，分頭前往密林和沿斡難河搜尋。

鐵木真聽到了這聲音，立刻定了定神，想想該怎麼應付這些追兵。草

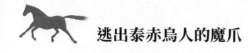

原這樣廣闊，並沒有樹林可以隱藏，一路上老是這樣跑，總會被追到的。抬頭向前面一看，地下橫著一條很寬闊的水溝，他靈機一動，加緊跑上幾步，撲到那條水溝裡去，把身子浸在水裡，只讓鼻子和嘴巴露在外面好呼吸。

　　不一會兒，就有幾個人從水溝邊走過去，嘴裡在咒罵：「帶著個枷，能跑多遠！趕緊追，還怕他飛上天去！」

　　那一隊追他的人一邊罵一邊走過去了，鐵木真這才鬆了一口氣。

　　夜亮如白晝。泰赤烏人一個挨著一個，首先搜到河邊的樹林中。只有速勒都孫氏的索爾汗石剌向斡難河邊走來，他很快就發現了仰臥在水中的鐵木真。

索爾汗石剌搭救鐵木真

「鐵木真！」水溝邊上傳過來了這樣叫聲，險些把鐵木真的魂兒給嚇飛了。他把嘴巴和鼻子一起都浸到了水裡去。

「你在這裡嗎？鐵木真！」那聲音更近了。

鐵木真聽到了這第二次的叫聲，知道已經逃不過這一關了，就橫了心，探出頭來回答：「是呀，我鐵木真在這裡！」可是，眼皮上都是水，看不清是誰在叫他。

索爾汗石剌走到鐵木真身邊，用讚嘆的口氣說：「你真有見識，不愧為一個才能卓越、出類拔萃的人，所以泰赤烏人才這樣嫉恨你。鐵木真，你就這樣躲著，先別起來，等我去把追你的那些人引開，你就趁這空逃走吧！」

鐵木真聽到這裡，才聽出來他是索爾汗石剌老人的聲音。索爾汗石剌說完就向他搖搖手走了。

泰赤烏人在樹林中找來找去，沒有發現鐵木真的蹤影，準備進一步搜查各處。不一會兒，又有一批人從水溝邊走了過去，鐵木真又逃過了一關。前前後後，水溝邊一共走過了 6 批人，可是誰也沒有想到向水溝裡看一看。

索爾汗石剌怕他們找到鐵木真，於是想法把他們支開，說：「咱們白天讓罪人跑了，黑夜到哪裡尋找？還是從原路折回，仔細察看一下沒有看到的地方吧！假如還找不到，就先回去休息，天亮後再找也不遲。犯人帶枷好比鳥獸帶箭，他還能跑到哪裡去呢？」

大家覺得索爾汗石剌說得有理，草草搜查了一遍，就各自回去休息了。

索爾汗石剌搭救鐵木真

　　人們慢慢地走了，索爾汗石剌再一次來到鐵木真身旁，悄悄地對他說：「泰赤烏人已經讓我給支走，等夜深人靜以後，你趕快逃走吧！路上如果遇到別人，千萬不要說我見過你。」說完，他若無其事地走了。

　　索爾汗石剌是泰赤烏人部的部落奴隸，幾天前鐵木真曾在他家被監護。他有兩個兒子，一個叫做沈白，一個叫做赤老溫，是鐵木真幼年時的小同伴。他們十分同情鐵木真，晚上曾偷偷給他去掉木枷，讓他安安穩穩地休息。白天，他們盡量給他吃些好東西，還陪他一起談心解悶。

　　夜更深了，半明不暗的月光撒滿在草原上。鐵木真想了再想，決定要離開這水溝，另外找一個藏身的地方。

　　鐵木真估計索爾汗石剌父子能救他脫險，就從水溝裡爬出來，沿著斡難河，一溜煙似的奔向索爾汗石剌家去。

　　索爾汗石剌勞累了半夜，剛睡了一會兒，忽然驚醒發現一個渾身水淋淋、脖子上帶枷的人跑來。他一眼認出鐵木真，不免大驚失色說：「我不是告訴你，讓你去尋找母親和弟弟嗎？你怎麼到我家來了？」

　　「謝謝您老人家救了我一命！」鐵木真淌下感激的熱淚來，「我實在餓極了，嘴巴又請求您老人家救救我吧！」

　　這時，索爾汗石剌的兩個孩子聽到了父親在帳幕門口的說話聲音，心裡感覺有點兒奇怪，一起跑到門口來。他們探出頭去一看，認出蹲在那裡的是鐵木真。大兒子沈白先開口了：「爸爸，他就是鐵木真吧！」

　　「是的，唉！」索爾汗石剌回答了一聲，還嘆了一口氣。

　　小兒子赤老溫聽他父親嘆了一口氣，知道父親是同情鐵木真的，便放大膽子勸他父親說：「雀兒被老鷹窮追的時候，樹木也會讓它隱藏起來的，難道我們還不如草木嗎？爸爸，還是救救他吧！」

　　「弟弟說得對，爸爸，救救他吧！」沈白也勸他父親。

「好吧！」索爾汗石剌只好點頭答應了，做了個手勢，叫鐵木真進來。

索爾汗石剌同意藏匿鐵木真，就到帳外去查看動靜。鐵木真一到裡面，沈白和赤老溫兩個兄弟就去拿了些傢伙來，把鐵木真肩上扛著的木枷先給打碎，然後丟到火堆裡燒掉。

鐵木真對於這兩個小朋友實在感激，便向他們拜了拜，說：「我將來如果有好日子過，一定要重重地報答你們一家人！」說完，又向索爾汗石剌叩頭道謝。

「現在，枷也除掉了，鐵木真可以自己吃東西了，你們拿些吃的東西出來吧！」索爾汗石剌這樣一說，沈白和赤老溫兩個就跑到裡面去，拿了一大堆馬奶、羊肉、麥餌出來。鐵木真實在餓極了，渴極了，一看到這些東西，眼前立刻一亮，就狼吞虎嚥，毫不客氣地吃了一頓飽飯。

「鐵木真，現在要給你找一個休息的地方，你是萬萬不能睡在這個帳幕裡的，因為萬一被他們找到了，不但對你不好，連我們一家也都要遭到麻煩的。」索爾汗石剌看鐵木真吃飽了，就想到了睡的地方。

「只要不給你們添麻煩，什麼地方我都可以睡的。」鐵木真當然同意。

「赤老溫，你去把你妹妹叫出來。」索爾汗石剌對他的小兒子說。

「是，我去。」赤老溫就轉身進去了。不一會兒，他帶了一個嬌小玲瓏的女孩子出來。鐵木真一看到她，心裡就很喜愛。

「這是我的小女兒合答安。」索爾汗石剌指著他的小女兒對鐵木真說：「我想，今晚你就睡到後面的羊毛車裡去，叫我的小女兒在那裡看著車子，你有什麼需要，都可以跟她說，她會照料你的。」

「太使你們勞神了。」鐵木真站起身來，又向索爾汗石剌拜謝。

「不必這樣客氣，但願你能平安渡過這道難關。」索爾汗石剌也站了起來，「我送你到後面去吧！」鐵木真就跟著索爾汗石剌父女到了後面去。

索爾汗石剌搭救鐵木真

　　合答安是一個聰明乖巧的女孩子，她拉開車門，先從裡面弄出一大堆羊毛來，然後，她叫鐵木真進去，等鐵木真進去後，她再把羊毛堆進去。鐵木真就這樣被藏在羊毛車裡了。

　　索爾汗石剌看了看沒什麼破綻，這才放心地回到帳幕裡。

　　可是，這4月的漠北天氣相當熱了，鐵木真被壓在羊毛下面，簡直透不過氣來。他便在車子裡不住地嚷熱。

　　合答安囑咐他說：「不要喊叫，不要喊叫！你要是想保住自己的性命，必須要忍耐才行！」鐵木真聽了她的話，就不敢再叫出聲來，靜悄悄地躲藏著。

　　天一亮，泰赤烏人果然分出幾批人馬，他們到每一座營帳，都要進裡面去搜查，索爾汗石剌家裡當然也有人來。

　　「戴著枷的人，能跑多遠！」索爾汗石剌迎出去說。「還沒找到嗎？」他裝作不知道的樣子這樣問。

　　「沒有，大概是自己人把他藏起來了。」一個帶隊小頭目說，「所以，塔爾呼太要我們出來挨家挨戶搜查。他不在你這裡嗎？」

　　「要是在我這裡，」索爾汗石剌勉強裝出一副笑容說，「還要等你們來嗎？我早就給你們送去了。」

　　小頭目向營帳裡掃一眼，又向帳幕四周圍看了看。因為看不出可疑樣子，正要走開。這時，忽然「啪啦」一聲，合答安手裡一隻鍋掉到地下了。合答安一慌，瞪著兩顆眼珠，竟不知道拾起來。

　　沈白和赤老溫裝出一副滿不在乎的樣子，在帳幕邊洗馬。他們一聽到這個聲音，也都吃驚地抬起頭來看。

　　索爾汗石剌的臉色早已發了青，卻急忙叫罵道：「這個合答安！你還不把鍋子撿起來，還等什麼！」

「我這女孩子，生下來就一副傻裡傻氣的樣子。」索爾汗石剌賠笑著說，「她一做事情，總是要丟這樣，弄壞了那樣，真是氣人。」

那小頭目並沒被索爾汗石剌的話哄走，他站住不動，接著說：「不對，我要在你這裡搜一搜。」

「好吧，那就請你搜吧！」索爾汗石剌不動聲色地說。

十來個人馬上分開來搜查。帳篷、馬柵、空車子，到處全都搜了一遍，哪兒也沒有鐵木真的蹤影。

「那邊有一輛羊毛車，請您過去看一下。」一個搜查的人跑過來，要小頭目去搜那輛羊毛車。

索爾汗石剌一聽，立刻出了一身冷汗。他硬著頭皮跟在小頭目背後，一起向羊毛車走了過去。

沈白和赤老溫兩兄弟站在一邊，看那小頭目帶著人走過去。此刻他們心裡正在打算著，萬一事情暴露了，怎樣去跟這夥人拚命，好帶著鐵木真逃走。

合答安嬉皮笑臉地跑出來，到了索爾汗石剌身邊，一把抓緊索爾汗石剌手臂說：「這些人要買羊毛嗎？可是這樣熱的天，他們買羊毛幹什麼？」

經她這一陣說笑，就使這場面立刻輕鬆了不少。索爾汗石剌故意跟她就買羊毛的事兒說個明白：「他們不是買羊毛的，是來找一個人的，他們疑心羊毛裡會藏著人的。」

小頭目一到了羊毛車旁邊，就從車裡抓了一把羊毛出來。沒想到羊毛一到了他手裡，都被手上的汗黏住了。看來，在這樣熱的天氣，鐵木真要是真躲在裡面的話，也早已悶死了。

但這個小頭目還不放心，舉起刀一下扎進羊毛裡！合答安眼睜睜看

索爾汗石剌搭救鐵木真

著，嚇得幾乎叫出來。索爾汗石剌怕她再露出馬腳，趕緊叫她回帳幕裡做飯去。

合答安盡量裝著滿不在乎的樣子，可她那顆心快要跳出胸外來了。好在腿還沒軟下來，她邁開腳步，離開了。

那個小頭目在羊毛裡扎過了一刀，也就沒再扎第二刀。因為他也是不相信，在這樣的熱天，一大堆羊毛裡會藏著人。他招呼帶來的那群人，一造成別處搜查去了。

等那小頭目走遠了，沈白和赤老溫怕鐵木真悶死，趕緊動手把鐵木真從羊毛車子裡拽出來。

此時，鐵木真已經被悶得迷迷糊糊，神智也不大清楚了。

索爾汗石剌馬上叫沈白和赤老溫把鐵木真抬到營帳裡去，叫合答安好好照顧鐵木真，他自己走到帳外去觀望，怕還有人來搜查。

索爾汗石剌一家提心吊膽的，渡過了這危險的一天。

到了這天夜裡，索爾汗石剌送給鐵木真一匹草黃色的母馬，煮了一隻羔羊，盛在皮桶中，用一隻背壺裝滿了馬乳，然後拍著鐵木真的肩膀和他告別。

鐵木真非常感激他們的救命之恩，立即跪下，流著眼淚對索爾汗石剌說：「在我逃難的危急時刻，你們全家捨身相救，我怎麼感激你們才好呢？」

索爾汗石剌說：「我尊貴的鐵木真小主人，你不必多禮，這是我們應該做的事情。我看你年齡雖小，卻智勇雙全，將來一定是一位了不起的人物，因此，我就應該冒險救你。你以後不要因為富貴而忘記了我們！」

跪在地上的鐵木真誠懇地說：「您就是我重生的父母一樣，有朝一日，如果我能出人頭地的話，我必定要報答你的大恩大德。如果我違背了

這個誓言，上天也不會保佑我的！」說完話，又向索爾汗石刺磕頭拜謝。

索爾汗石刺連忙彎腰把他扶起。鐵木真又對著赤老溫弟兄倆行過屈膝禮。站起來後，他又向合答安屈膝跪拜，並對她說：「這次，你為我提心吊膽，為我的炎熱和飢渴操這樣的心，我鐵木真終生也不能忘記你的！」

合答安看到鐵木真那樣真心地感激她，羞澀地低下了頭，接著就跑開了。

這時，索爾汗石刺催促著，叫鐵木真趕快離開。鐵木真帶上弓箭和食物，一步一停，很不情願地出了門，跨上馬，揚鞭而去。

鐵木真感念救命之人的恩德，他離開不遠，又掉轉馬頭，望著索爾汗石刺的家門，依依不捨。

鐵木真沿著草原上蜿蜒曲折的斡難河，快馬加鞭，飛馳前進。來到原來的營地，那裡已經人去營空，他知道的親人們為了逃避泰赤烏人的追殺，已經遠離這裡了。

他沿著雪地上車轍的痕跡，沿著河流而上去尋找失散的親人。幸虧他在途中沒有遇到捉拿他的人，翻過別帖兒山，來到了豁兒出恢山。

只聽見有人拍著手，高興地喊道：「我的哥哥回來了！」他停住馬，向草原四周瞭望，遠遠地看見山的南面有一群行人。他們不是別人，正是他的母親和兄弟們。

鐵木真立即跳下了馬，和他們相見。大家各自敘說離別後的情形，母子幾人高興得抱頭大哭。

過了好一會兒，鐵木真勸大家說：「我一直想念著你們，盼望著你們能夠平安無事，我也早些回來，與你們相聚。今天得以幸福地相見，真是非常高興，為什麼反而哭了起來！」

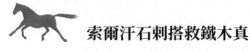

　　母子幾人聽了這些話，才都停止住了哭聲，各自擦去了臉上的淚水，轉憂為喜。一家人熱熱鬧鬧，相互簇擁著進入帳篷。

　　為了躲避泰赤烏人的再次襲擊，鐵木真一家遷往不兒罕山前的古連勒古山中，這裡有桑沽兒小河，河邊有叫合剌只魯格的小山，還有闊闊海子，他們在這裡住下了。

　　這裡野生動物很多，其中有一種草原野生動物叫貔狸，體形和老鼠相似，肉味鮮美，是草原上難得的野味。他們就在那裡繼續靠捕殺土撥鼠、野鼠為食，維持著艱難的生計。

　　鐵木真望著這片迷人的大草原，心曠神怡，說：「我們就在這裡居住下來吧！一方面這裡比我們原來居住的地方還要肥沃，再一方面這裡地勢安全，可以防備敵人的入侵。」

　　蒙古民族是遊牧民族，只要是水草豐美的地方，他們就能居住，這是他們的傳統風俗。所以，月侖說：「鐵木真說得很對，這裡的確肥沃，我們就居住下來吧！」

　　他們就挑選了一塊空曠的平原，紮起宿營的帳篷，把原來營地裡的僕人和騾馬，都全部遷移了過來。

　　那些被追回來的 8 匹好馬，鐵木真非常喜愛，一直精心餵養，全都養得膘肥體壯，雄健有力。

鐵木真喜結良緣

光陰似箭，日月如梭，轉眼間，鐵木真到了娶妻成家的年齡。

有一天，鐵木真的母親月侖對鐵木真說：「你的年紀也逐漸大了，你還記得你的父親在世的時候，為了你的婚姻大事，在回家的途中食物中毒，以致後來身亡，留下了我們母子幾個人，幾經磨難，歷盡艱辛，到現在也還稱得上是安然無恙。現在想來德薛禪親家，也應在一直惦唸著你，你也應該去探望一下他們家。如果他答應舉行婚禮，倒也可以了結一椿好事情。況且我們家中如果多一個婦女，也好做我的一個幫手。」

話還沒有說完，別勒古台就在旁說：「當兒子的也願意跟隨阿哥一齊去。」

月侖說：「也好，你就同他一齊去吧！」

第二天，鐵木真弟兄倆，帶上了食物，告別了母親，騎著馬，一前一後，起程出發了。行走在美麗的大草原上，青山綠水，空闊無邊，藍天白雲，蒼茫無際。他們穿行在茫茫的草原上，欣賞著秀美的風光，在不知不覺中，走過了一山又一山，一直朝著翁吉剌惕部落的營地走去。大約走兩三天的時間，就到了德薛禪家。

孛兒帖如花似玉，即使在翁吉剌惕部諸多美女中也屬佼佼者，致使許多蒙古酋長爭相往聘。

德薛禪看見女婿到來了，真是喜出望外，非常高興，也和別勒古台相互見面。相互問寒問暖之後，就擺設筵宴，迎接高貴的客人。

德薛禪對鐵木真說：「我聽說泰赤烏部落裡的人，曾經對你非常仇視，我一直為你擔心。今天再次相見，真是上天賜予的洪福！」

　　鐵木真就將過去的經歷和各種磨難，詳細地敘述了一遍。德薛禪說：「吃得苦中苦，才為人上人，看來你從此以後就應當發跡，建功立業了。」

　　別勒古台又把母親的求婚意願，簡單地向他說明。德薛禪說：「男女雙方都已經長大成人了，今天就可以成婚了。」

　　德薛禪就叫他的妻子搠壇出來會見客人。鐵木真兄弟連忙站起來向她行禮。

　　搠壇對鐵木真說：「好幾年沒有見面了，長成這樣的身材了，我感到非常高興！」

　　他指著別勒古台，對鐵木真說：「這是你的弟兄嗎？也是一個英俊的少年，真是難得！」兩人都連聲說謝謝誇獎。筵席完畢以後就立即安排婚禮。

　　到了晚上的時候，一切都布置妥當了，德薛禪就叫女兒孛兒帖換了服裝，到帳篷裡和鐵木真舉行婚禮。婚禮完畢，夫妻倆就共同進入到帳篷裡，彼此相互觀看，一個是威武雄壯的英雄好漢，顯得氣度不凡；一個是亭亭玉立的美麗新娘，容貌出眾。雙方都感到非常幸福，手攜著手，倒在床上，你親我愛。

　　過了3天，鐵木真擔心母親在家盼望，就想著回家。德薛禪說：「你既然想家要回家去，我也不好強留你們。只是我的女兒既然成了你的妻子，也應該一齊去拜見你的母親，這也是當兒媳婦應該盡到的禮節，我明天就送你們起程。」

　　鐵木真說：「有兄弟陪伴著我，路上可能沒有什麼危險，不敢勞動你老人家的大駕！」

　　搠壇說：「我也要送女兒到你家去，也好和親家母見面。」鐵木真勸不住他們，只得聽從了他們的安排。

第二天早晨，行李已經備辦整齊，就起程出發了。德薛禪和鐵木真兄弟騎著馬在前面帶路，搠壇母女倆，乘坐著馬車在後面跟隨著。到了克魯倫河的時候，距離鐵木真的家不遠了，德薛禪就在這裡轉身，返回家裡去了。

搠壇一直把女兒送到了鐵木真的家裡，見到了月侖，免不了又是一番初次見面的禮節，又叫女兒孛兒帖拜見丈夫的母親。月侖看見她戴著高帽，穿著紅色衣衫，風姿綽約，不亞於自己當年年輕貌美的時候，心中不禁感到欣喜。

孛兒帖這時不慌不忙，先按照蒙古傳統風俗，手裡端著羊尾油，對灶頭叩了 3 個頭，把油倒入灶裡點燃，這就是行祭灶禮。然後又拜見了月侖，跪下一次，叩一次頭。月侖只謙虛地接受了半個禮。孛兒帖接著又分別拜見了合薩爾等人，向他們各人送了一件衣物作為見面禮。

另外有一件黑貂皮襖，也是孛兒帖從家裡帶來的，鐵木真看見了，就去告訴月侖說：「這件皮襖，是稀有的珍貴物品。我的父親在世的時候，曾經幫助克烈部落收回了原來的領地，克烈部落裡的汪汗和我的父親關係很鐵，結成了同盟。我們眼下正處於窮途末路，還得依仗別人的扶持，我想把這件皮襖獻給脫里汗。」

塔塔爾部是他們的共同敵人，脫里汗的祖父馬兒忽思杯祿汗，曾被遼朝任命為「諸酋長」，1092 年起兵反遼，1100 年依附於遼的塔塔爾部納兀兒杯祿汗進攻克烈部，俘虜了馬兒忽思杯祿汗，將他送到了遼朝。遼朝皇帝下令將馬兒忽思杯祿汗釘在木驢上處死。

馬兒忽思杯祿汗的妻子忽禿黑台為了復仇，假意向納兀兒進獻一百隻羊、十匹馬和一百袋酸馬奶，袋子裡實際上暗藏了一百名全副武裝的士兵。

　　納兀兒舉行宴會歡迎她，那一百名士兵突然跳出來，將他以及許多塔塔爾人殺死。

　　後來塔塔爾部的阿澤汗又攻打克烈部，克烈大敗，13歲的脫里和他的母親一起被掠去。阿澤汗命脫里牧放駱駝，脫里想方設法才得以逃出。

　　原來，鐵木真之父也速該曾經援助過脫里汗，兩個人是結義兄弟。馬兒忽思有兩個兒子，一個是脫里汗之父忽兒札胡思，另一個是古兒汗，眾人的汗王。

　　忽兒札胡思繼承父位，也稱杯祿汗，強盛一時，分封子弟於東西境。他死後，長子脫里繼承了汗位，為了獨攬大權，脫里汗殺死了他的4個弟弟中的兩個弟弟：台帖木兒、不花帖木兒。他的叔叔古兒汗起兵討伐，脫里汗失敗，僅帶一百人逃到山谷裡。

　　後來脫里汗來到也速該那裡，乞求說：「請幫助我奪回被叔父古兒汗搶占的部眾。」也速該出兵將古兒汗驅趕到了西夏，脫里汗復得克烈部眾和土地。

　　為此脫里汗感激地對也速該說：「你的恩德，我的子子孫孫不會忘記報答的，我們友情天地可以為我們作證！」兩人結為生死之交。

　　在鐵木真正在興起的時候，克烈部地廣人眾，脫里汗人多勢眾，好像已是蒙古高原的一方霸王。鐵木真要借助強勢，就必須與脫里汗結盟。

　　當然，當時的鐵木真的地位要求他只能以謙恭的態度去拜見父親昔日的安答。

　　鐵木真心裡想到，父親的安答，就如自己的親父親一樣。所以他拿上孛兒帖父母給翁姑的陪嫁黑貂皮襖，以作為見面禮。由合薩爾、別勒古台兩人相隨，到脫里汗所居的土兀剌河，今天土拉河畔的黑松林。請求脫里汗幫助他復興大業。月侖聽了以後，點了點頭，說這個辦法很好。

搿壇回家去以後，鐵木真又把家族遷移到了克魯倫河，叫兄弟們和妻子，和月侖居住在一起，自己和別勒古台，攜帶著黑貂皮襖，直接去拜見脫里汗。脫里汗見到他們兄弟兩人，表示非常歡迎。

鐵木真就把皮襖獻給了他，並對他說：「你老人家與我的父親從前是很好的朋友，現在見到你老人家，就像見到我的父親一樣！今天來到這裡的時候，沒有其他貴重的物品獻給你，只有我的妻子從她家裡帶來的一件皮襖，這是她獻給母親的禮物，我把它轉贈給你老人家！」話語非常誠懇。

脫里汗非常高興，收下了皮襖，還詢問他目前的情況如何。聽完鐵木真回答的話以後，脫里汗對他說：「黑貂皮襖的報答是幫助你把離散的部眾召集回來；黑貂皮襖的報答是使你的渙散的百姓聚攏回來。我心裡好記著這件事！」

鐵木真向他磕了磕頭，對他很感激。他們在那裡住了幾天以後，就向主人告辭，準備回家，臨別時，脫里汗也向他贈送了豐厚的禮物。他們又奔波了好幾天，才得回到原來的營地。

在鐵木真一生的事業中，他的夫人孛兒帖也起了應有的作用。她對鐵木真來說是一種力量的源泉。

首先，她為鐵木真生了4個兒子：術赤、察合台、窩闊台和拖雷。但特別應當指出的，她還是英雄鐵木真言聽計從的睿智的參謀。在她的令人生畏的丈夫的眼中，她一直享有極高聲望。

但在成吉思汗諸子中，最後分得父親遺產的只有孛兒帖所生之子。在成吉思汗眾多妻妾中，也只有孛兒帖地位最高，最受尊重。

鐵木真得到強有力的克烈亦惕部首領保護，重振家聲，恢復了他的氏族。但是，草原上這類大大小小的王國極不穩固，正當這位年輕首領認為前途已有保障時，又飛來一場橫禍。

面對欺凌必雪恥

在鐵木真新婚不久的一天早晨，月侖的女僕豁阿黑臣起床做家務。她忽然隱約聽到一種奇怪的聲音，便俯首帖耳於地面細聽，聽出是馬群在奔馳的聲音。

女僕立即起身，先跑到月侖的宿處，連聲叫道：「阿母，阿母，快快起來！」

月侖被女僕叫醒，便命她速去叫醒幾個兒子，自己則立即穿衣起床。

鐵木真驚慌起來，說：「難道是泰赤烏部落的人又來了？現在如何是好！」轉眼之間，全營裡的人都起床了。

全營的人剛剛穿衣起床，就遠遠看見有大隊人馬像龍捲風似的撲來。不過，這次並不像女僕豁阿黑臣所估計的那樣是泰赤烏人來襲，而是篾兒乞部前來奔襲。

篾兒乞部也是一個蒙古部落，住在貝加爾湖以南。這次來襲的篾兒乞騎兵有 300 人，他們企圖採取突然奔襲的辦法打擊也速該諸子。

篾兒乞部與也速該一家早已結下怨仇。月侖夫人就是也速該生前從一個篾兒乞惕人搶來的新娘。自那以後，篾兒乞部一直想復仇而沒有機會，現在他們認為時候到了。

他們想去仇人部落盡擄其婦女，首先要擄去鐵木真的新娘孛兒帖，以報篾兒乞部婦女昔日被擄之仇。

篾兒乞人鞭馬直奔鐵木真的家，途中截獲鐵木真的妻子孛兒帖。然後，按照蹤跡奔向不爾罕山，去追趕鐵木真。

篾兒乞人環繞不爾罕山搜尋了三遍，沒有發現鐵木真，又企圖進入山

裡去尋找，可是泥沼難行，常常連人帶馬一起深陷下去，茂密的樹林，就是蛇也難以鑽入。

鐵木真在不爾罕山上，派別勒古台、博爾術、者勒篾三人下山偵察情況，並對他們說：「三姓篾兒乞人回去了呢，還是埋伏在路上？跟蹤他們3天，回來告訴我！」

待確信篾兒乞人已經退走之後，鐵木真一家才走出不爾罕山。

鐵木真帶上合薩爾、別勒古台來到土拉河黑林，向克烈部脫里汗求援：「我沒料到三姓篾兒乞人把孛兒帖搶掠去了，我的汗父，請你一定幫助搭救我的妻子。」

脫里汗痛快地答應鐵木真的請求。這裡面還有一個原因，就是篾兒乞人也是脫里汗的仇敵。

這場對篾兒乞部的戰爭是一場大規模的戰爭，因為篾兒乞部也是一個實力強大的部落聯盟。占據的地盤是外貝加爾湖廣大的草原和森林地帶。

為了有必勝的把握，脫里汗還邀請另一個蒙古部落首領與他們合作，這就是札答闌部的札木合。

蒙古札答闌部在遼代時就很著名，札木合家族是該部世襲的統治者。

札木合與篾兒乞也是仇敵，因為篾兒乞曾經劫掠了他的財產和百姓，後來他靠著自己的機智，才得以收回部眾。

札木合和鐵木真在少年時代還是親密無間的朋友，並兩次結為安答，安答之間本來就應當彼此救援，何況這時的札木合正在統治著蒙古的強部，已經是一位草原英雄了。

克烈部脫里汗答應出兩萬騎兵，作為聯軍的右翼。他建議鐵木真和札木合也出兩萬騎兵，作為聯軍的左翼。脫里汗還表示，聯軍的集合地點由札木合確定。

遵照脫里汗的建議，鐵木真派他的兩個弟弟合薩爾和別勒古台前往札木合處求援。

札木合當著鐵木真派來的兩位使者的面制訂了作戰計畫。

鐵木真、脫里汗他們抵達了指定的集合地點孛脫罕－孛斡兒只草原。

聯軍會師以後，即從孛脫罕－孛斡兒只出發，越過今俄國邊界，浩浩蕩蕩地向北挺進。

他們翻過庫沐兒山，順赤可亦河的蒙扎谷而下，穿過滅兒汗山口，突入篾兒乞部腹地，至勤勒豁河。

他們結筏渡過勤勒豁河，然後便像一股龍捲風似的撲入不兀剌草原。不兀剌草原上有許多樹木，位於烏達河流域。

他們原想透過突然襲擊，趁脫黑脫阿在睡夢中抓住他。但是在勤勒豁河捕魚和捕貂的人首先發現了他們，便星夜去稟報，脫黑脫阿遂同兀窪思篾兒乞部首領答亦兒兀孫帶著少數親信慌忙而逃。

他倆剛剛順色楞格河谷而下抵達巴兒忽真河，札木合的聯軍就占領了脫黑脫阿在不兀剌草原上的營地。

脫黑脫阿等人雖保住了性命，卻拋下了部落裡的一切，蒙古包、各家人丁、食物儲備等通通落入了聯軍之手。

脫黑脫阿數萬鐵騎，突遭夜襲。篾兒乞部營地頓時一片混亂，人們紛紛四處逃散。

聯軍騎兵跟著人群追殺擄掠，截獲人員財產無以計數。但鐵木真此時無心顧及戰事，一心只想尋找親愛的孛兒帖。他撲向一群逃跑的人，恰恰就在這一群人中，他發現了孛兒帖，與孛兒帖擁抱在一起。

三方聯軍完成了預定的作戰計畫以後就分手了，至少克烈部的脫里汗已率眾同友軍告別，回到了庫倫附近土拉河上游營地黑林。鐵木真和札木合一同來到斡難河附近的豁兒豁納黑川下營。

與札木合分手

鐵木真和札木合兩人是童年時代的朋友，但彼此長大以後沒有什麼來往，此次共同討伐篾兒乞部的戰爭使他們恢復了童年時的友誼。不過，在群雄爭霸草原的年代，像鐵木真和札木合兩個這樣充滿野心的豪傑之間，不可能有長久的友誼，他們的分裂，只是遲早的事情。

誠然，論出身，鐵木真的門第可能要比札木合高，因為他是王室的後裔。但是，此時此刻，札木合的勢力無疑要比鐵木真強大，此次討伐篾兒乞部的戰爭由札木合扮演「元帥」角色就足以證明。

但他倆之間的關係是建立在友誼基礎上的。他倆互贈戰利品，鐵木真把從脫黑脫阿那裡擄獲的一條金帶和一匹小駒海騮馬送與札木合；札木合則把他從答亦兒兀孫那裡掠來的一條金帶及一匹白色良種牝馬送給鐵木真。

他倆在豁兒豁納黑川險如刀削的忽勒答合兒崖前，一棵茂盛的松樹下，舉行盛筵以締盟約。

春天又來了，春草萌發，萬物復甦，逐水草而居的遊牧民族開始了移營的活動。

鐵木真與札木合約車共載，率部前進，長長的車隊、遍地牛羊馬匹一眼望不到盡頭。

面對日益增多的部眾，札木合若有所思，回頭對鐵木真說道：「鐵木真安答，我們究竟遷往何處呢？是依山紮營，還是臨澗駐紮？依山紮營，牧馬人和馬群可以在帳房附近活動，行動方便；臨澗駐紮，牧羊人可以和羊群在一起，羊兒的咽喉裡有吃有喝，飲食方便。」

與札木合分手

鐵木真一時摸不準札木合說話的用意，便裝聾作啞沒有立即回答。

兩人相對無言。馬車碾過青草，隊伍繼續向前移動。不一會兒，鐵木真藉故跳下車來，等待著後面的月侖和孛兒帖。

母親和妻子坐在一輛車上，很快來到鐵木真面前，鐵木真向母親複述了札木合的話，說：「我不知札木合說這話用意何在，不便表示意見，特來向母親請教。」

沒等月侖開口，孛兒帖就搶先發話了：「人們都說札木合喜新厭舊，不可久處。他大概是討厭我們了吧？他那幾句話弦外有音，似乎是要圖謀我們。我們別在這裡下營了，乾脆離開他，讓我們的百姓連夜前進吧！」

札木合的話也許本無「圖謀」之意，只不過是說「分開過，方便一些」。

而且，隨著畜牧業內部分工的日益明確，雄壯的馬匹和溫順的牛羊往往需要分頭放牧，不同的畜群對牧場有不同的要求。札木合的部落聯盟經過多年發展，估計會有相當多的馬群。

鐵木真的百姓剛剛收集，他們長期寄人籬下，不可能有多麼富足，大概馬群不多，或者只有一些牛羊。在一起紮營，對雙方都不太方便，這倒是實際情況。而對這個情況採取一些措施，也未嘗不可。

但札木合說話含蓄，使人不解其意；孛兒帖也是不求甚解，隨意猜測，於是這句話變成了鐵木真與札木合分裂的導火線。

這裡我們接觸到了未來的成吉思汗性格的有趣的一面。在他的一生中，每當事處關鍵，必須做出重要決斷而他又猶豫不決甚至近乎畏首畏尾之時，總是他的夫人孛兒帖出面幫他做出決斷。

而一旦孛兒帖發表了看法，他便立即稱善，並且不惜以身家性命為代價去按照孛兒帖的意見行動。

當時蒙古各部落的人們都隱約有一種統一的願望，札木合和鐵木真兩人都想利用這種願望。問題在於這兩個人中，究竟誰善於利用這種願望並成為真正的得益者呢？精明的孛兒帖很可能已意識到了這一點，所以她要丈夫及時爭得行動自由，以便盡可能早地成為統一事業而奮鬥的人物。

就這樣，在夜幕降臨之時，鐵木真的車隊人馬並沒有像往常那樣即昏便息，而是繼續向前趕路。隊伍走了一程，不期來到另一個在遷徙中夜間紮營休息的部落。這個部落不是別的部落，恰恰是鐵木真的宿敵泰赤烏人的一個部落。

泰赤烏人被驚醒，黑夜中看到一隊人馬，以為是有人前來夜襲，頓時一片混亂，倉促拔營，趁夜色逃往札木合營地去了。

鐵木真率眾通宵而行。天亮之時，人們方看清楚是哪些人跟著年輕的首領鐵木真來了，哪些人已留在了札木合處。

離開札木合的人便陸續加入到他的隊伍裡來。他們 20 多個氏族部落有 40 多人。這些人的情況分為兩類：第一類是各部、各氏族的散亡分子，他們是以個人身分來投靠鐵木真的，其中包括後來成為蒙古國大將的把魯剌思氏忽必來、兀良合氏速不合者勒篾的弟弟、巴阿鄰氏豁兒赤等 20 餘人。

第二類情況是擁有自己屬民的乞顏氏貴族，他們追隨鐵木真懷有各自的目的，這些人是主兒乞氏，合不勒汗的長支，撒察別乞、泰出，忽圖剌汗之子阿勒壇，鐵木真的叔父答里台斡惕赤斤，捏坤太子之子包察兒。

巴阿鄰氏豁兒赤的到來使鐵木真感到高興，因為豁兒赤的祖先是孛端察兒，是成吉思汗的十世祖，擄來的婦人所生的兒子，也就是巴阿鄰氏的始祖。而札木合的祖先，也就是札答闌氏的始祖，也是這個婦人所生，他們原本是一家。豁兒赤肯背叛札木合而來，說明札木合內部已經破裂。使鐵木真更加高興的是，豁兒赤給他帶來了吉兆。

與札木合分手

豁兒赤對鐵木真說：「我與札木合是一家，因此不應當背叛札木合，但是神明向我指點了一個情形，有一頭慘白色的乳牛圍繞著札木合，撞了他的座車，把一隻角撞斜了，吼叫著說還我角來，又向札木合撞去。又有一頭無角的犍牛，拉來一個大座車，從鐵木真身後走來，吼著說，天地神祇都商量了，讓鐵木真當國王，現在我把國給送來了。因此之故，我先來報知吉兆，鐵木真，如果你當了國主，你將怎樣使我快活？」

豁兒赤的預言，給了羽翼方張的鐵木真以巨大的鼓舞，他立刻回答豁兒赤：「我真的當了國主，封你做萬戶那顏。」豁兒赤則搖了搖頭，說：「我報知吉兆，你卻只封我為萬戶那顏，還算快活嗎？我還要從全國挑選30個美貌女子做我的夫人，並且你要聽從我的謀劃和建議。」對此鐵木真也毫不猶豫答應了。

鐵木真帶著屬於自己的部眾，來到了他以前的住地，不兒罕山前的古連勒古山中。在這裡，他以嶄新的姿態投入激烈的爭霸鬥爭。

從蒙古史詩中所列的名單可以看出，在兩個首領分道揚鑣時，人們在黑夜中突然根據自己的意願各投其主，在同一個部落，有時甚至是在同一個氏族中往往出現出人意料的分開。

到了桑沽兒河原來的營地，那時人多勢眾，牲畜成群，鐵木真胸懷大志，長期招兵養馬，想建立起一個龐大的部落。小有成就，就想建功立業，鐵木真萌發了勃勃的雄心。

這時從前離散的部落牧民，也逐漸歸來，投靠鐵木真。鐵木真不計前嫌，對他們加以多方優待，因此遠遠近近的民眾，聽到這個消息，都爭先恐後，紛紛前來投靠。

自從也速該死後，蒙古各部群龍無首，社會動盪，人畜不寧，人民居危思安，希望過上和平的生活。因此，大眾擁戴鐵木真，希望立他為全蒙

古的汗主。1189 年 5 月的一天，鐵木真繼承汗位，成為蒙古部的新首領。
這一年，鐵木真 28 歲。

　　鐵木真當了部落首領後，任命官員，各司其職，開創了一派帝王
氣象。

十三聯軍鏖戰沙場

札木合對鐵木真成為成吉思汗這件事，表面上看他們倆似乎彼此相安，但札木合一直在尋找機會。事實上，札木合與鐵木真之間的衝突是不可避免的。而一件意外發生的小事，給札木合等人提供了興兵的藉口。

札木合有一個叫台察兒的兄弟，有一次跑到鐵木真部下拙赤答兒馬剌的牧地上，盜走了一群馬。

撒阿里草原是因為薩里河而得名，在篾兒乞部落的西南邊境上，原來就是忽都剌哈汗的大兒子拙赤居住的地方。

忽都剌哈汗乃是也速該的叔叔，他的大兒子拙赤是鐵木真的叔叔。就在他部落的人在草原放養馬時，忽然來了別的部落的人，搶去他的幾匹好馬。拙赤部落牧民見對方人多勢眾，沒敢抵抗，就立即去報告給了拙赤。

拙赤一聽自然非常氣憤，連忙走出營帳。他也來不及騎馬，就獨自一個人手持弓箭前去追趕。蒙古民族歷來勇武剽悍，膽量過人。從早晨追到下午，拙赤追趕了幾十公里路程，直到天色很晚時，他才看見有幾個人牽著馬向前走。那群馬正是拙赤自己的牧群。

拙赤想到眾寡懸殊，難於取勝，就靜悄悄跟著那些人後面。等到了天色昏黑的時候，拙赤衝了上去，搭上箭，拉開弓，一下子把領隊的人射倒。

緊接著，拙赤大喝一聲，響聲像雷一樣震盪山谷。盜馬的人一時弄不清到底有多少人追趕上來了，頓時驚慌失措，四散逃開。就這樣，拙赤成功地將丟失的馬追回來了。

那個被拙赤射倒的人就是札木合的弟弟禿台察兒。札木合聽到了這個

報告，憤怒地說：「鐵木真實在是忘恩負義！我早就想消滅他了，只是沒有找到合適的機會。今天，他的牧民射死我的親弟弟，這個仇要是不報，我札木合還能算是人嗎？」

札木合因為胞弟被殺，將仇恨算在了鐵木真身上。他立即向塔塔爾部落和泰赤烏部落，以及鄰近各個部落派遣使者，約定共討鐵木真。札木合組成了 13 個部落的聯軍，共有 3 萬多人。

這 13 個部落的聯軍，除了禮木台所屬的札答闌部和杉樹的部落之外，包括翁吉剌惕、合答斤、朵兒邊等部落，他們都是鐵木真家世世代代的仇人。13 個聯軍氣勢洶洶地向鐵木真這邊衝殺過來。

這時的鐵木真，對札木合的進攻還渾然不覺。在當時，札木合部下有個名叫捏群的人，心裡向著鐵木真，他趕緊想辦法將札木合興兵的消息報告給了鐵木真。正在打獵的鐵木真得到這條警報，連忙召集部落民眾，把所有的家族和親戚朋友，隨從和奴隸編入軍隊整裝出發。他一共召集到了 3 萬多人，分作 13 個支隊。

這 13 個支隊中的第一隊是鐵木真的母親月侖夫人統率的部屬，第二隊是鐵木真統率的諸子、那可兒，第三隊到第十一隊是乞顏氏貴族們統率的部屬，第十二隊和第十三隊則由來依附的旁支尼魯溫氏族人組成。因此，鐵木真所能直接支配的兵力，實際上並不很強大。這就是鐵木真統一蒙古高原過程中著名的戰役之一，是元朝初期發動的第一次大戰，即「十三翼之戰」。

鐵木真的 3 萬大軍迎出了一段距離，遠遠看見敵人已經翻過了山嶺。13 個部落的聯軍鋪天蓋地，洶湧而來，那架勢就像電閃雷鳴般咆哮著，瞬息之間，他們就衝到了鐵木真面前。茫茫草原，被大隊人馬踐踏得塵土飛揚，天昏地暗。

　　鐵木真見敵人來勢特別兇猛，知道事情不妙，他命令隊伍一邊抵擋，一邊按順序撤退。

　　大軍的各支隊撤退到山谷中，鐵木真立即命令博爾術截斷後路，堵住了山谷的入口，其他各隊迅速退入深谷，馬上休整。當時清點各部民眾，傷亡人數的確不少。所幸的是，軍隊撤退時秩序良好，沒有過於散亂，這才沒有造成更大的損失。

　　戰爭的結局是鐵木真失利，札木合取得了勝利。札木合得意地宣布：「我們已經把鐵木真趕到斡難河的狹谷中去了。」於是，札木合下令班師回營。

　　但是，札木合在回師的時候，下令在火上架起了 70 口大鍋，將被俘的鐵木真將士放入鍋內活活煮死。泰赤烏人在勝利之後，也是志得意滿，對待部屬恃強凌弱，掠奪他們的車馬和飲食。他們這樣做的結果，自然引起部屬的強烈不滿。從深刻的意義上講，札木合與泰赤烏人雖然在軍事上取得了勝利，但是在道義上和政治上，他們卻遭到了最嚴重的失敗。

　　相比之下，鐵木真就比他們高明多了，他善於贏得人心，甚至能夠把敵手吸引到自己一方來。就在十三翼之戰戰後時隔不久，札木合手下心懷不滿的兀魯兀部術赤台、忙忽部畏答兒等人，各率所屬族人離開札木合，大隊人馬前來投靠了鐵木真。

　　畏答兒和術赤台後來成為鐵木真的兩員驍勇的戰將。鐵木真家的親信晃豁壇部的蒙力克，曾經隨札木合遊牧，由於札木合在此戰後多行不義，這時他也率領七個兒子離開札木合，來到了鐵木真這裡。

　　泰赤烏的屬部照烈部的駐地與鐵木真的駐地相近，有一天照烈人和鐵木真都來到草原的一座山上打獵。鐵木真有意將被圍的獸獵趕向他們，結果他們這一天的圍獵收穫比平時多了幾倍。

照烈部人自然是很高興，他們說：「我們和鐵木真就在這裡一起過夜吧！」他們共有四百餘人，由於沒有帶來鍋和糧食，有 200 餘人回自己的住所去拿吃的了，剩下兩百餘人在此過夜。

鐵木真得知這一情況後，立刻下令把他們所需的鍋和食糧全部送了過來。

在第二天的打獵中，鐵木真繼續故意將野獸往照烈人一邊趕，讓他們獵獲更多了。照烈人十分感激鐵木真，大家都說：「泰赤烏部將我們扔在一邊，不理睬我們。以前鐵木真跟我們並沒有交情，現在他卻能厚待我們，給了我們這些吃的，又幾次把獵物趕向我們，他可真是個關懷自己的部屬和軍隊的好君主哇！」

照烈人返回自己營地的時候，一路上，他們向所有的部落傳頌著鐵木真關懷他人、樂善好施的君主風度。不久，照烈部的首領與族人商議：「我們應該遷到鐵木真那裡去，像這樣的好人，我們理應聽從他的吩咐！」

因為不是所有的人都同意，照烈部的首領便帶著自己的部眾投靠了鐵木真。那些猶豫不定的人一看首領帶人投靠了鐵木真，也都隨著一起來了。

投靠來的照烈部人對鐵木真說：「我們就像沒有男人的女人，沒有牧人的羊群一樣，泰赤烏的貴族每時每刻都在毀滅著我們。為了我們的友誼，讓我們和你一起用劍去作戰，去殲滅你的仇敵吧！」

鐵木真動情地說：「我就像個睡著的人，你們拉我的頭髮把我喚醒；我正在石頭之中動彈不得，你們從石頭下拉出了我，讓我能夠站起來。我一定要盡力來報答你們！」

歸附了鐵木真的照烈人，有的人雖然在以後未能實踐自己的諾言，又

從鐵木真那裡反叛了，但是，又有更多照烈人和泰赤烏的其他屬民，陸陸續續來到鐵木真這裡。這些人說：「泰赤烏貴族總是平白無故地壓迫我們、折磨我們，可是，仁慈的鐵木真卻將自己身上穿的衣服脫下來給我們，把自己騎的馬讓給我們。他才是一個能為大家著想，為軍隊操心，還能把國家管理好的君主呢！」

還有一位勇士叫哲別，以善於射箭著稱，曾經為泰赤烏首領布答效力。哲別蒙古語的意思是善於射箭。當鐵木真戰鬥正酣時，他射死了鐵木真的戰馬，也是因為一個叫赤老溫的猛將首先被鐵木真收留，哲別也前來投入了鐵木真的軍隊。

鐵木真曾經問過射傷自己愛馬的那個人是誰，投奔過來的哲別當場一口承認，並且表示：「倘若饒我，賜我一命，我為你殺敵人，報世仇，赴湯蹈火，在所不辭！」

鐵木真說：「哲別這麼坦誠，我們可以交朋友。」鐵木真還說，要哲別「就像我跟前的其他『哲別』一樣來保護我」。從此，哲別成為鐵木真麾下著名的一員大將。

鐵木真對他不計前嫌，真誠相待，哲別非常感激，對鐵木真一直忠心耿耿。哲別後來成了元朝的名將。

就這樣，鐵木真雖然在軍事上遭到一時的挫折，但經過一番爭取敵人的努力，使他的威望得到進一步提高，勢力更加壯大。

援助脫里汗贏得人心

在十三翼之戰過程當中，鐵木真獨自與札木合的聯軍苦戰，他的義父脫里汗原本不想坐視不救，但是，當時的脫里汗正在逃亡途中，他自己也正在飽受顛沛流離之苦。

原來在早先，脫里汗在父親忽兒札胡思死後繼承了汗位，為了獨攬大權，他竟然不顧同胞之情殺死了自己的 4 個弟弟中的兩個，即台帖木兒、不花帖木兒。他另外兩個弟弟是額兒客合剌、札合敢不，好在他倆免於被害。

脫里汗的叔叔古兒汗聞聽後起兵打他，將他擊敗。脫里汗被迫驅兵住在山谷。後來他借助鐵木真父親也速該的力量，才得恢復汗位。這一次，脫里汗的逃亡，則是他和那一個倖免於難的弟弟額兒客合剌衝突的結果。

脫里汗恢復汗位企圖殺害額兒客合剌。額兒客合剌逃出後，投靠了西面乃蠻部的亦難察汗。亦難察汗很可憐他，也想乘機打擊克烈部的勢力，便出手相助，最後擊敗了脫里汗。

脫里汗敗得連棄三城，向西奔逃，其弟札合敢不投往鐵木真。脫里汗一直往西逃到契丹的古兒汗那裡。然而，當時的西遼也處在內亂之中，脫里汗原本就與古兒汗不和，因此難以在西遼棲身。

在西遼不到一年，脫里汗只好又踏上歸途。他經過長途跋涉，隨身所帶食物已經用完。當時只有五隻母山羊和兩三隻駱駝，脫里汗就擠著山羊的奶水，刺著駱駝的血為飲食。當時他騎著一匹瞎眼黑的鬃黃尾馬，實在是窮困潦倒。一路艱辛磨難，他來到漠北古泄兀兒海子。這裡曾經是他和鐵木真的父親也速該一起住過的地方。

援助脫里汗贏得人心

鐵木真得知了脫里汗的悲慘境遇，就特地派塔孩把阿禿兒、速客該赤溫兩人前去迎接他。鐵木真還親自到克魯倫河的上源去見父親的好友脫里汗，把他安頓在自己的牧地上。

緊接著，鐵木真又從自己的屬民那裡動員來應用的東西，供給飢餓貧弱的脫里汗和落魄的隨從使用。此時，脫里汗的弟弟札合敢不正在金朝的邊境上，鐵木真請他回到蒙古去。不料在札合敢不返回的途中遭篾兒乞人的襲擊。鐵木真聞之立即派撤察別乞和泰出兩人前往救援，札合敢不終於得以平安歸來。

就這樣，脫里汗在鐵木真的幫助下，終於又回到土兀剌河的黑松林故地。在這裡，脫里汗大擺宴席，重敘和也速該結為安答的情誼，並再次鄭重地確認了他和鐵木真的父子關係。

隨後，鐵木真在一次征戰勝利後，把在這次戰爭中掠獲的財產全部送給了脫里汗義父。在鐵木真的援助下，脫里汗的勢力漸漸恢復了。

然而，這個脫里汗竟然背著鐵木真，獨自去征討篾兒乞的脫脫，掠奪大量財務而還。脫脫等人逃入巴兒忽真狹境內，今天的貝加爾湖以東地區。同樣是對待得來的財物，脫里汗卻一點也沒給鐵木真。

更為嚴重的是，生性多疑、嫉妒心很強的脫里汗在重掌克烈部大權之後，甚至要對幾次援助了他的鐵木真下毒手。有一次，他和鐵木真在一起開會，居然陰險地在氈帳周圍埋伏殺手，企圖在開會期間的宴會上把鐵木真殺掉。

在宴飲的時候，巴阿鄰部的阿速覺得氣氛很不對勁，就起了疑心。為防不測，阿速將刀子插入靴筒裡做好準備，並特意坐在脫里汗和鐵木真中間，一邊喝酒談笑，一邊機警地左顧右盼。脫里汗知道陰謀敗露，不敢貿然下手。

多行不義的脫里汗，他的惡劣行徑激起了親屬和部下的憤慨，他們聚在一起議論說：「脫里汗就像吹灰似的殺戮親族，真是個心懷惡意不成器的人！他不但殺了自己的胞弟，還殺了自己的結拜兄弟，逃到契丹去乞求保護，完全是個不愛自己的國家的人。當初他7歲的時候，曾被蔑兒乞人掠去，給篾兒乞人搗米過活，是父親忽兒札胡思把他救了出來，他在13歲的時候，又和母親一起被塔塔爾的阿澤汗掠去，給人家放駱駝。他想盡了辦法，最後才從那裡逃出。後來，他懼怕乃蠻亦難察汗的攻打，又往更遠的地方逃跑，到了窮途末路時，才來到鐵木真這裡。鐵木真全心全意供養他，現在他卻忘了恩情，還在起這樣的惡念，真是可惡得很！」

脫里汗察知親屬和部下的議論，就下令把議論他的人們抓了起來。只有札合敢不僥倖得以脫身，逃到乃蠻部去了。

那些被捕的人被脫里汗關押在一個屋子裡。脫里汗斥罵他們說：「你們說我在畏兀和西夏那些地方怎樣來著？你們竟敢胡說！」說完，他就將唾液使勁地唾在這些人的臉上。其他人在他的慫恿下，也都起來口唾他們的臉面。

脫里汗的這些所作所為，鐵木真都看在眼裡。然而，鐵木真隱忍不發，他知道，克烈部畢竟是強大的，脫里汗正是強大部落的統治者。如果現在表示出不滿，對自己顯然十分不利。為了事業，現在必須與之結盟，借助這位汗父的力量去削弱更加危險的敵手。

有一天，撤察別乞部落的軍隊偷偷襲擊了鐵木真的後方營地，殺死了10多名鐵木真留守在這裡的老弱殘兵，又搶走了50多人的衣服和馬匹，然後，帶領軍隊揚長而去。

鐵木真接到報告後滿腔憤怒，他說：「以前，撤察別乞在斡難河岸邊參加宴會的時候，他的母親就曾經打了我的廚子，又把別勒古台砍傷了，

我認為撤察別乞和我是同一家族，就特別地諒解了他，沒有追究，與他和好如初，我還邀請他率領軍隊聯合攻打塔塔爾部落那些仇人。他不接受我的邀請，不來也沒有什麼關係，現在反而把我部落的老少牧民，殺的殺搶的搶，真是欺人太甚，豈有此理！」

鐵木真迅速帶兵出發，穿越過大沙漠，來到克魯倫河的上游，一聲吶喊，攻入撤察別乞的營帳中。撤察別乞早已聞聽鐵木真來攻，這時已攜帶著家屬逃走了。鐵木真以牙還牙，搶劫了他的部落，然後帶隊回營。

幾個月過後，鐵木真餘怒未消，再次率領軍隊攻打撤察別乞，把他追擊到迭列禿口，最後活捉。鐵木真親自列舉罪狀，告知周圍的人，然後，將撤察別乞和他的弟弟泰出勒推出去斬首，釋放了他的其他家屬。

博爾忽是撤察別乞的兒子，年紀小，長相英俊，鐵木真把他收為養子。後來，博爾忽以英勇善戰而聞名於世，也是後來元朝的四大傑出將領之一。

在這次出征返回營地的途中，有一個名字叫古溫豁阿的札剌赤兒種部落的人，帶領著幾個兒子前來投奔鐵木真。古溫豁阿有一個兒子名字叫木華黎，智勇超人，後來得到鐵木真的寵愛和信任。木華黎與博爾術和赤老溫等人一樣，受到特別優待。

成吉思汗建國元年，木華黎與博爾術被成吉思汗首命為左、右萬戶。在蒙金戰爭初期，在野狐嶺、會河堡諸戰中，木華黎率敢死士衝鋒陷陣，以寡敵眾，有力地配合了主力，殲滅了金軍精銳，攻克了宣德、德興等地。

成吉思汗8年，木華黎隨成吉思汗率軍入山東，攻克了許多城市，還在戰場上收降了史天倪、蕭勃迭，並奏為萬戶。第二年，木華黎班師北上，與成吉思汗大軍會合圍中都，迫使金帝請和。此役後，木華黎受命進軍遼河流域，招降高州守將。

成吉思汗 10 年，木華黎打敗了金軍，進占北京。第二年春，手下張致反叛並占據興中。木華黎以調虎離山計設伏夾擊，斬殺叛軍萬餘人。進而乘勝進軍，俘殺張致，連著攻占錦州、復州等數十座城寨，使蒙古軍控制了遼東、遼西地區。

　　木華黎於成吉思汗 12 年 8 月，被成吉思汗封為太師、國王，從此全權指揮攻金戰爭，又為成吉思汗立下了赫赫戰功。

集中兵力首戰塔塔爾

　　雄才大略的鐵木真善於把握時機，利用敵營的內部矛盾，毫不猶豫地將敵人置於死地。鐵木真的這一特點，在他進攻塔塔爾這件事上表現得淋漓盡致。

　　1194 年，由於金國與合答斤部、撒勒赤兀惕部發生了矛盾衝突，金國第二年起兵進攻他們。在呼倫湖畔，金國打敗了合答斤、撒勒赤兀惕的 14 個古列延人馬。

　　因為塔塔爾部在此戰中協助金國，擄掠了大量牛馬、財物，金國在這次進攻中擄掠財物較少，因此，金國與塔塔爾部發生了摩擦，認為塔塔爾部已經反叛。

　　1196 年，金國派完顏襄丞相統領軍隊，前往鎮壓。

　　在兩軍交鋒中，開始的時候金國軍隊被圍而處劣勢，但到了後來，戰況發生變化，金國最後取得了勝利。塔塔爾部首領篾古真向浯勒札河敗逃。

　　鐵木真聽到這個千載難逢的消息，認為這是替父祖復仇的良機。

　　鐵木真記得在童年時，母親月侖講述的塔塔爾人聯合金人釘死鐵木真的曾祖咸補海汗；鐵木真自己也耳聞目睹了塔塔爾人毒死父親也速該的事情，這個仇豈能不報？

　　遊牧在東北邊界的塔塔爾人和金國的君主曾聯合起來，滅了蒙古的第一個王國。金國君主利用塔塔爾人的力量打擊了鐵木真的祖先。但是，被金國的君主利用的塔塔爾人迅速地強大起來，作為保護人的金國的君主難以忍受對手的實力強大。

於是，金國在處理與遊牧界的關係中，轉而聯合鐵木真和克烈亦惕部，共同打擊塔塔爾人。顯然，敵人已經反目為仇，他們之間的聯盟已經破裂了。

「敵人的敵人就是自己的朋友」，這是一個基本原則，敵人的聯盟既然已經破裂，那就不妨暫時與金朝聯合，這倒是蒙古人報仇的一個好機會。鐵木真哪裡會放過這樣的機會！

鐵木真痛快地接受了金朝的邀請，採取聯合金朝夾攻塔塔爾的策略，先集中力量打敗塔塔爾這一敵人。

與此同時，鐵木真又派人和克烈部聯繫，希望脫里汗再次能與蒙古一起作戰。鐵木真派往克烈部的使者向脫里汗口述了蒙古人的「國書」：

> 塔塔爾與我們有世代冤仇，世人皆知，早已人神共憤。我祖輩俺巴孩汗、
> 斡勤巴兒合黑曾被他們出賣過；我先父、您的安答又被他們毒死了，我們
> 與塔塔爾人不共戴天。

如今，塔塔爾已經被金人打敗，正在沿浯勒札河向西潰逃，這是天賜良機，不可錯過。願父汗您親率大軍幫我夾擊敵人，向塔塔爾部討還這一筆筆血債！

另外，鐵木真又徵召了主兒勤等族人，希望主兒勤為自己的祖先斡勤巴兒合黑報仇雪恨，在這場血族復仇戰爭中並肩戰鬥。

克烈部的脫里汗迅速組成一支大軍向鐵木真他們增援而來，很快與鐵木真在斡難河畔會師了。這時的主兒勤氏卻因為和鐵木真的兄弟們發生了衝突，所以不打算和鐵木真並肩作戰了。

鐵木真這邊足足等了 6 天，還是不見主兒勤的蹤影。時間緊迫，實在不能再耽擱了，鐵木真只好與脫里汗沿斡難河東進。

不久，大隊人馬即到達浯勒札河上游。

與金國戰敗的塔塔爾人為了保存實力，退到寨中，準備堅守。在鐵木真與脫里汗的大軍開到的時候，塔塔爾人尚未站穩腳跟。蒙古與克烈部抓住戰機，分成幾路向塔塔爾人輪番衝鋒。

很快，塔塔爾人的兩個寨子被攻破，他們的一個首領變成了刀下鬼。其他部眾或被殺，或做了俘虜，有不少人四散奔逃。

塔塔爾部的財物被一搶而光。這個部落曾經既強大又富裕，鐵木真率眾從中獲得了前所未有的珍寶。

其中，有兩件極其貴重的物品，就是銀繡車和大珠裘。

在艱難困苦中長大的鐵木真從來沒有見過這樣的寶物，心中不勝驚喜。

蒙古軍在打掃戰場時又撿到一個小男孩，叫曲書。一隻金圈環套在小孩的脖子上，還穿一件貂皮做裡的金緞兜肚。小孩驚恐中露出天真的神情，樣子非常招人喜愛。

按照蒙古人的習慣，凡是撿到這種幼兒，都要視為自己的家人，都要親身撫養，並受到氏族的保護，和親生子女一樣來對待。

鐵木真以前曾經把闊闊出和曲出當作禮物送給自己的母親月侖。今天撿到的這個男孩當然也不例外，鐵木真又把他帶到母親的身邊。

看到這個孩子，月侖夫人高興地說：「這是一個好人的孩子，必定是有一定背景的，就讓這個孩子做我的第六個兒子吧！」月侖夫人給這個孩子取了名字，叫失吉忽禿忽。

後來，失吉忽禿忽成為鐵木真建國後的著名執法者。

鐵木真聯合金朝和克烈部，取得了首戰塔塔爾的勝利。這次勝利，不僅打擊了東北草原東部的勁敵，迫使塔塔爾部從此徹底敗北，而且他還在

蒙古各部中贏得了「為父祖復仇」的好名聲。

　　蒙古族各部人對鐵木真更加敬重了，鐵木真的策略眼光和軍事才能，越來越多地受到人們的信服。與此同時，鐵木真還得到一個意外的收穫：金朝封鐵木真為「札兀惕忽里」，並由此勾銷了金國與蒙古族幾代的恩怨。金朝還封脫里汗為王。

　　脫里汗原本就是草原上有名的可汗，如今得了王位，所以被人們稱為王可汗，也叫做「王罕」

　　當時鐵木真的力量不如王罕強大，因此得到的官職不及王罕，但這件事對於他們有重要作用。他借此提高了自己的政治權力，可以用朝廷命官的身分發號施令了。

　　當然，鐵木真向金朝俯首聽命，只不過是暫時的隱忍，他不會忘記，金朝也是殺害乞顏貴族的仇敵，當時他可能已經設想到了，在將來有了足夠的力量的時候，金朝便是他第一個要消滅的目標。

大破叛友札木合

討伐塔塔爾的戰爭，又給鐵木真提供了一個與主兒勤氏和好的機會。塔塔爾人是他們的共同敵人，討伐塔塔爾也是為主兒勤報了父祖之仇。

忘掉眼前的衝突，共同參加血族復仇戰爭，既符合古老的傳統，也有利於將來的利益。但主兒勤人卻拒絕合作，這使鐵木真大失所望。

在取得了討伐塔塔爾部的戰爭勝利以後，成吉思汗率部返回位於克魯倫河上游的老營。剛一回營，他就得到一個使他大吃一驚和非常憤怒的消息。

原來，在他出征塔塔爾部期間，主兒勤部利用他遠離老營之機，突然向鐵木真的老營發起襲擊，擄掠殺戮，猖獗一時。老營被主兒勤部洗劫一空。

耳聽如此消息，眼見如此情景，鐵木真不禁怒火中燒。鑒於主兒勤人的不義行為已經到了這種無以復加的程度，鐵木真即整隊出發，討伐主兒勤部。

兩軍相遇於闊朵額阿剌勒附近的朵羅安孛勒答黑。戰鬥結束，主兒勤人大部被俘，但其首領撒察別乞和泰出卻帶親信家眷狼狽逃入帖列禿山口。鐵木真餘怒未消，又揮軍追入帖列禿山口，抓住了他兩人。主兒勤部的兩位親王被成吉思汗處決了。

此舉使其他各部人們的思想受到了很大震動。但是，此時的札木合內心還是敵視鐵木真。札木合在王罕耳邊一直說鐵木真的壞話，從而激起了這位心無主見的王罕對鐵木真不信任的情緒。

鐵木真絲毫沒有預料到會出現這種情況，他仍被蒙在鼓裡，照常一心

一意幫助王罕。當鐵木真了解真相後，他又顯出少有的寬宏大度。後來王罕兵敗勢微，鐵木真被王罕欺騙理當不救，但是如果他坐視王罕受挫，必將唇亡齒寒，敵人的下一個目標就是自己。所以他表現出寬宏大量的姿態，馬上應允了王罕的請求。

這更加提高了鐵木真的聲譽和威望。為此，札木合妒火中燒，咬牙切齒。札木合認為，只有他才應該做全蒙古的大汗而不是鐵木真。

1201 年，蒙古草原 12 個部落在額爾古納河、根河、爾古納河入口外的忽蘭也兒吉，進行了一次重要的盟會。

其中有合答斤、山只昆、朵兒邊、塔塔爾、亦乞列思、豁羅剌思、乃蠻、篾兒乞、斡亦剌、泰赤烏、翁吉剌惕 11 個部首領，共同推舉札答蘭部的札木合為古兒汗。

這是一個以札木合為首的政治、軍事聯盟，一個反對鐵木真、王罕的統一戰線。札木合被推舉為「古兒汗」，意為「眾汗之汗」。「普眾之汗」，也有人稱其為皇帝，但札木合既沒有皇帝的權力，也缺乏當皇帝的能力。

這個聯盟也是既無共同的政治、經濟基礎，又無統一的軍事力量，只是為了對付鐵木真、王罕的進攻臨時湊集在一起。實際上卻是一群各懷異志的烏合之眾，各部的貴族都有自己的小算盤，各部的屬民百姓也並不真心擁護，鄭重其事地對天盟誓並沒有加強聯盟的力量，它對下邊的成員也沒有多大的約束力。

那時的哈答斤部落、散只兀部落、朵魯班部落和翁吉剌惕部落，得知鐵木真勢力強盛，全都心懷恐懼，全部聚集在阿雷泉，殺了一頭牛、一隻羊、一匹馬，祭告天地，把血滴入酒裡喝下去，發下誓言，結成了攻守同盟的祕密約定。

札木合趁這個難得的機會聯繫他們，就由各個部落共同商討，推舉札

木合為古兒汗。還有泰赤烏篾兒乞部落裡的兩個首領，以及乃蠻部落裡的不亦魯黑汗，也產生了報怨情緒，來和札木合會合，就是塔塔爾部落裡的其餘家族，另外推選部落首領，趁著那個各部落聯盟大會，迅速趕到那裡。

許多部落一齊在禿拉河會合，由札木合作為聯盟的首領，與各部落首領，共同對天發誓說：「我們要齊心協力，共同打擊鐵木真，如果內部私自洩漏機密，以暗中背叛同盟，都會像泥土崩塌，樹林折斷一樣，沒有好的結果！」

發完誓言，首領們一齊徒步走向岸邊，舉刀砍斷林木，作為警示的標誌。他們真是庸人自擾，無事生非，自討苦吃。就各部落選派軍隊，在夜裡靜悄悄地向前進軍，去襲擊鐵木真軍營。

但他們並未能保守住祕密。他們分頭準備時，豁羅剌思部的一個名叫豁里歹的人和鐵木真出自同一家族，他立即去向鐵木真告密。當時鐵木真駐紮在克魯倫河上游不兒罕合勒敦山山麓的古連勒古。

鐵木真立即向王罕求救。王罕一聽有變，即起兵前來同鐵木真會合，然後兩軍順克魯倫河而下。鐵木真派阿勒壇、忽察兒以及叔叔答里台3人為先導，在前面偵察開路。

王罕也派其子桑昆、其弟札合敢不以及將領必勒格別乞3人為前導。鐵木真和王罕的人馬順利地來到赤忽兒忽山、扯克徹兒山和闊亦田之地。

這時，札木合的軍隊溯額爾古納河而上，也抵達了這個地區，他們簇擁著與鐵木真對立的札木合，氣勢洶洶而來。他們來到闊連湖平原地區與鐵木真和王罕的軍隊相對時，已是日落西山、天色將暮之時。

儘管雙方前鋒部隊都叫嚷著要立即廝殺，但最後還是約定各自退下，待明日開戰。

第二日，東方還沒有露出曙光，鐵木真、王罕聯軍就搶先占領了阿闌塞陣地，與札木合聯軍在闊亦田交戰，這一地區也是今天中蒙邊界的奎騰嶺一帶。

在戰鬥中，臨時的聯盟缺乏統一的指揮，剛剛遇到一點兒阻力，札木合的四路先鋒就失去了衝鋒陷陣的能力。

乃蠻部的不亦魯黑汗突不破阿勒壇的防線，首先掉轉馬頭率部離去，既不報告他的古兒汗，也不顧並肩戰鬥的三路戰友，馬不停蹄地向西方的老家逃竄。

失去勇氣的軍隊必然逃脫不了失敗的命運，一路先鋒的潰敗迅速引起了連鎖反應，其他三路先鋒也不再衝鋒陷陣了。

四路先鋒不是帶頭衝鋒，而是四散逃命，十二部聯盟就這樣不堪一擊土崩瓦解了。

聯軍的首領札木合也並不比他的先鋒們高明，他早已失去了「萬民之汗」的氣魄，露出了一副鼠竊狗偷的嘴臉。

面對著先鋒軍的潰散，他不是想辦法穩住軍心、壓住陣腳，反而趁火打劫大撈一把，乘機大肆搶掠那些推舉他為汗的百姓，洗劫了他們的帳篷，然後也順著額爾古納河向東北方向逃竄。

王罕沿著額爾古納河去追趕札木合。鐵木真則帶領自己的人馬窮追泰赤烏人部的阿兀出把阿禿兒，一直追到斡難河邊。在這裡，阿兀出把阿禿兒收拾殘兵，重新組織力量做困獸之鬥。

一場大戰激烈異常，一直持續到夜幕降臨。在戰鬥中，鐵木真的脖頸被敵軍射來的箭射中，血流不止，鐵木真不久昏迷過去。

很早就歸附於他的者勒篾忠實地守護在他身旁，用口吮吸他傷口的瘀血。

一直持續到半夜，鐵木真才甦醒了過來，喃喃地說：「我的血似乎要乾涸了，我很渴。」

者勒篾便把靴、帽和衣服都脫下，只穿著短褲潛入敵營去尋找馬奶，因為戰亂之中誰也顧不上擠馬奶，所以怎麼也找不到。

他仔細搜尋，卻意外地在一輛車上發現一桶馬奶，就偷偷地帶了回來。敵人都已睡熟，對者勒篾的行動渾然不知。

者勒篾拿回馬奶，又找來水，將馬奶調好給鐵木真喝。鐵木真連飲了三口馬奶，說：「我的心裡亮了。」他就坐了起來。

鐵木真又問：「你赤身跑去，如果被敵人捉住，豈不是要說出我躺在這裡嗎？」

者勒篾說：「這我想過。我故意赤身出去，如果被捉，就說我本打算投降，被覺後剝去了衣服，我掙脫綁索逃出，敵人必然相信。我可以找機會尋得一匹馬逃回來。我是這樣考慮的，所以在你安睡的時候跑出去了。」

鐵木真說：「我還能說什麼呢？以前我被三姓篾兒乞人追殺，他們圍繞不爾罕山搜查了3遍，那時你曾救過我一次性命。剛才你又用口吮吸我的瘀血，救了我的性命。現在我口渴，你捨命到敵營去尋來馬奶，再次救了我的性命。你這3次大恩，我永生不忘！」

鐵木真想趁此機會徹底消滅泰赤烏部落。經過夜間激戰，天大亮以後，鐵木真發現泰赤烏人已經喪失了決戰的勇氣，趁著夜色逃跑了，屬民被拋棄在營地裡，這些屬民都被鐵木真收服。

鐵木真又追著逃跑的泰赤烏人，將他們及其子孫「像吹灰似的」殺死了。

這時，鐵木真忽然想起了索爾汗石剌對他的友情，就率領部隊四處去尋找索爾汗石剌。終於在崇山峻嶺之間找到了索爾汗石剌的女兒合答安。

原來合答安被軍隊驅逐，恰好鐵木真正在找她。

鐵木真發現，合答安比過去顯得更加成熟了。兩人意外相逢，甚是歡喜。回到大營，兩人結為夫婦。過去曾經共同經歷患難，今天又得以共同享受安樂和幸福，鐵木真真是一位有情有義的男子漢。

第二天，合答安的父親索爾汗石剌，也進入軍帳來拜見鐵木真。鐵木真歡迎他說：「你們父子幾人過去對我恩重如山，我從那時起一直牢記著你們，你為什麼這時才來投奔我呢，真是想死我了？」

索爾汗石剌說：「其實我的心思早就傾向著你了，所以就叫第二個兒子最先來投靠你。我如果過早地到來，擔心那裡的部落首領不同意，殺了我的全家，所以就一次又一次推遲了我的行程。」

鐵木真道：「你過去對我的大恩大德，我今天應該報答你！我鐵木真不是忘恩負義的人，你老人家完全可以放心！」

鐵木真把索爾汗石剌的兒子收為部下，把索爾汗石剌的女兒收為自己的妻子，也算是鐵木真對索爾汗石剌的報答。索爾汗石剌對此非常感謝，鐵木真做完自己該做的事，就命令全軍出發，回到了原來的營地。

經此一戰，長期與鐵木真為敵的泰赤烏部終於覆滅。

闊亦田之戰，是鐵木真與札木合集團的最後一次決戰，也是爭奪蒙古部領導權的最後一戰。至此，鐵木真成為蒙古部的唯一首領。

征討宿敵塔塔爾

經過長期的東征西討，鐵木真的力量日益強大起來，他可以依靠自己的軍隊對外進行大規模的戰爭了。1202 年，鐵木真出兵征討宿敵塔塔爾。

像成吉思汗家族一樣，塔塔爾人也屬於蒙古部族，他們同成吉思汗家族是敵對的家族。

塔塔爾部落聯盟下屬許多部落，遊牧於下克魯倫河流域一帶，其活動區域西起闊連湖和捕魚兒湖，東至蒙古與東北的界山大興安嶺。

鐵木真曾打敗過塔塔爾人。後來，在同反對他的各種聯盟的作戰中，鐵木真又數次同塔塔爾人交鋒，在擊潰這些聯盟的同時也使塔塔爾人遭到了慘重的失敗。

鐵木真打算最後解決這批宿敵。完成這一任務，他現在已經不需要盟友幫助了，因為此時他自己已兵多將廣，人強馬壯，僅憑自己的力量已足以對付塔塔爾人了。這將是他與塔塔爾人進行的一場毫不留情的生死決鬥。

這時候的塔塔爾分為四部，被人們簡稱為「四部塔塔爾」，總計約有七萬戶人家。

五年前，鐵木真與王罕聯軍趁塔塔爾部和大金國關係破裂，乘機出兵消滅了篾古真。時隔不久，塔塔爾部又恢復起來。但是它與四鄰蒙古、大金國和王罕克烈部都結了仇，而且內部已分裂，這正是鐵木真消滅塔塔爾的有利條件。

1202 年 8 月，鐵木真領兵兩萬，分三路來到塔塔爾地區答闌捏木兒格思地方。

為了保證戰爭的勝利，也為了一改從前作戰時貴族們貪搶財物，不聽指揮的弊病，在出征之前，鐵木真命令說：「打仗的時候，不許搶掠財物，把敵人打敗了，他們的東西都歸我們所有，那時大家再分用。作戰需後退時，應退向原陣地，退回原陣地後不再肯返身力戰者，全部斬首！」於是軍紀嚴整，戰鬥力大增。

　　在答闌捏木兒格思，今天的貝爾湖南訥墨爾根河地方，鐵木真揮軍向塔塔爾進攻，一舉將敵人擊潰。

　　鐵木真大軍以圍獵方式對塔塔爾人進行包圍、衝擊、分割。軍士自外向內飛鳴鏑、放利箭，射殺極準。

　　塔塔爾人拚命反抗，戰鬥異常激烈，但最終頂不住鐵木真軍隊的猛攻，一部分塔塔爾軍突圍，投奔札木合去了。

　　但是鐵木真軍中有人嚴重違犯了他的軍令。他在戰前已經規定，戰鬥結束以後再共分財物。可是，他的叔叔、好惹是生非的答里台、他的堂兄弟忽察兒，此外還有阿勒壇親王，不聽號令，不等戰事結束，也不等到共分財物之時，就在戰場上私掠財物。

　　顯然他們是自恃其出身高貴，自以為可以不受鐵木真的命令的約束。他們不把鐵木真的命令放在眼裡，豈不預示著他們可以隨時背叛鐵木真麼？鐵木真想到此，便堅決地派哲別和忽必來兩人去沒收了3位親王私掠的馬匹財物。

　　無論是阿勒壇、忽察兒，還是答里台，都不能嚥下這口氣，他們覺得自己的自尊心受到了傷害。於是這3個人暗中組成了反鐵木真派，不久即反叛而去，投靠了克烈部，加入了同鐵木真作對的行列。

　　然而，鐵木真這次鞏固汗權，制裁舊貴族的果斷措施，為提高軍隊的戰鬥力，在統一草原的角逐中最終取得勝利，發揮了極其重要的作用。

征討宿敵塔塔爾

此時，鐵木真面臨的問題是如何處理如此眾多的塔塔爾俘虜。在這個問題上，鐵木真的態度是異常堅決的。為了作出決議，他把族人們都召集到他的營帳內，開了一個祕密會議。

大家的看法和會議的結論很明確：「塔塔爾人乃毀我父祖之人也，今當為父祖報仇雪恨，殺之以祭我父祖。」決定要把像車軸高的塔塔爾男人都殺死！

散會以後，鐵木真的同父異母弟別勒古台不慎把這消息告訴給了一個塔塔爾俘虜也客扯連。得到這個消息後，塔塔爾人便立寨自衛。

鐵木真的軍隊費了很大的氣力才取得勝利，而且在進攻時損失了不少兵力。破寨以後，鐵木真即命令部隊將塔塔爾人殺戮。

但是這種殺戮也不是單方面的，因為塔塔爾人已事先得知必死的消息，於是各人在自己的衣袖內暗藏了刀。臨死前，塔塔爾部落的人除了婦女以外，各人都手執一把尖刀，向鐵木真率領的軍隊亂殺亂砍，彼此都傷亡慘重，幾乎各占一半。真是所謂困獸猶鬥，一夫拚命，萬夫難敵。這樣，直到塔塔爾部落的男子，幾乎全部傷亡。

鐵木真對別勒古台的洩密行為甚為憤怒。從此，鐵木真禁止別勒古台參與「大議」，同時也禁止他的叔叔答里台參與大議，因為答里台的態度越來越引起了他的懷疑。

鐵木真雙娶姐妹花

鐵木真終於消滅了塔塔爾，完成了替祖宗報仇雪恨的使命。可是，鐵木真一計算人馬的損失，就覺得這一場勝利並沒有帶來什麼好處。人馬損失的慘重是因為洩漏祕密，而這正是別勒古台的責任。於是，他派人把別勒古台叫來。

鐵木真大聲怒斥別勒古台：「你隨便洩漏軍事機密，害得我們損失了那麼多的人馬，你真是罪不容恕！你去，把也客扯連那傢伙給我找來，我要跟他算帳！」

嚇得直哆嗦的別勒古台出去找了好半天也沒找到，他戰戰兢兢地回來報告：「我……我到處都找過了，實在找不到他。恐怕也客扯連已經死在亂軍中，只找到了他的女兒。」

「就因為你隨便說話，結果闖出這一場大禍來！從今以後，我再不許你參加黃金會議了！」鐵木真不等別勒古台說完，就這樣叫罵。接著他又問：「你把也客扯連的女兒找來，她現在在哪兒呢？」

「就在帳外，我去押她進來。」別勒古台趕緊說。他走到帳外去，帶著一個女子來見成吉思汗。

這個女子衣服凌亂不堪，滿頭的亂髮蓬鬆著。她一走進帳裡，就低著頭在鐵木真面前跪了下去。

鐵木真看到仇人的女兒，眼睛裡火星直冒，大喝道：「你的父親害死了我們這麼多人的性命，就是把他剁成肉醬，也不能抵償那麼多條人命！你既然是他的女兒，那就應該代替你父親來償命！我要把你千刀萬剮，剁成肉醬！」

「饒命啊！」那女子一聽，立刻抖成一團，勉強叫了一聲，就倒在地上不停地發抖。

哪知道，她這一聲「饒命」，鐵木真一聽就像音樂一樣好聽。他滿肚子的怒火一下子煙消雲散了，反倒覺得這女子可憐、可愛了。於是改變了口氣，和顏悅色地說：「你是要我免你一死嗎？那你就抬起頭來我看看。」

那小女子聽了，仍然顫抖著身子，慢慢抬起頭來。

只見她深鎖雙眉，眼含著淚水，簡直就像一株飄搖在風雨中的楊柳一般，實在是美！鐵木真一見之下又憐又愛，覺得自己的那兩個妻子孛兒帖和合答安誰也比不上眼前這個女子。想到這裡，鐵木真坐直了身子說：「要我不殺你，那你就得做我的妻子！」

小女子一聽，漂亮的臉上馬上綻出笑容：「大汗要是能救免我的死罪，那我就嫁給您吧！」看來，人在屋簷下，不能不低頭，這不說這個女人是厚顏無恥，實在是出於無奈。

鐵木真一聽，高興地說：「那好，那你就到帳後面梳洗去吧！」

說到這裡，早有軍營後勤處的老保姆出來，攙扶著鐵木真剛相中的女人，慢慢走了進去。鐵木真此時才命令別勒古台退出去，又把軍營中急於辦理的各項事務向各位將領作了安排，然後，他到軍營帳篷內休息。

別勒古台因為給鐵木真帶來一個可愛的女子，洩漏祕密的責任也就到此打住了。

鐵木真雖在帳裡處理事務，心裡卻忘不了那個剛來的女子。於是，他就放下手裡的工作，走進後帳。

那個女子經過一番梳洗打扮後，真像一個仙女下凡一樣。鐵木真興奮地追了過去，抓起那女子的手來，覺得細嫩柔滑。再看她滿頭烏黑的頭

髮、裊娜的身材，以及那漂亮的臉蛋，真是處處讓人疼愛！

「你叫啥名字呀？」鐵木真笑瞇瞇地問道。

「我叫也速乾。」那女子微啟雙唇，含笑作答。

「好一個也速乾啊！你真是塔塔爾美人啊！」鐵木真大加讚嘆。

也速乾一聽，滿面嬌羞。她把頭一低，手裡擺弄著腰帶，一時竟羞再開口。

鐵木真牽著她的手並排坐下來。鐵木真說：「你的父親實在罪大惡極，我要是殺他，你就會恨我，是嗎？」

「我哪裡敢怨恨可汗呢！不過，可汗您是寬宏大量的人，就請您饒恕我們這一家人吧！」也速乾替全家人求情。

「你實在是漂亮得很，要是你做我的婢妾，好像不大好，我看，你就做我的夫人吧！」於是，鐵木真封了也速乾做夫人。

「多謝可汗！多謝可汗！」也速乾馬上跪下去，連聲道謝。

當天夜裡，月滿中天，鐵木真和也速乾做成了夫婦。

第二天早晨也速乾醒來後她悄悄起來梳洗打扮。直到她都化妝好了，鐵木真這才醒過來。

鐵木真睜開眼睛，痴痴地望著也速乾，一動也不動。也速乾笑著問：「昨晚看了一夜，難道還沒有看清楚嗎？一醒來你又這樣看著我幹什麼？」

「你這漂亮的臉蛋兒，讓我實在看不膩呀！」鐵木真望著也速乾，實話實說。

「您堂堂一個可汗，眼可不能這樣小！看到我就會這樣中意，你要是看到了我的妹妹，恐怕……恐怕你要發瘋呢！」也速乾說完，自己先笑了起來。

「你的妹妹？」鐵木真一愣，「她在哪裡？她叫什麼名字？」鐵木真急忙追問。

「她叫也速，結婚時間不長，可現在在哪兒，我也不知道。」也速乾老實相告。

「既然也是一個出名的美人，而且也有名有姓，難道還怕找不到她！」鐵木真立刻到帳外，派人去尋找那個塔塔爾美人也速。

到了中午，幾個士兵帶著一個年輕貌美的女子走進大帳來。「可汗，這女子究竟是不是也速，就請可汗親自詢問吧！」

「好了，你們先下去吧，讓我來問問她。」鐵木真把士兵打發出去。

鐵木真看到這個女子，雖然滿面愁容，眼含淚水，可是更加美麗，從頭到腳，居然找不出絲毫缺點來。而且，看她那神態，也和也速乾很像。看來士兵沒有找錯人，這就是也速了！

鐵木真走上前問她：「你的名字叫也速嗎？」

美麗的女人回答說：「是。」

鐵木真兩手搓在一起，他說：「真是奇妙極了！也速，你的姐姐也速乾已經在我的營帳裡了，你可以進去，和她相會吧！」

也速進帳會見也速乾時，也速乾就請她也嫁給鐵木真。

也速卻說：「我丈夫已經被敵軍趕走了，我很想他。姐姐，你為什麼讓我嫁給鐵木真這個仇人？」

也速乾說：「我們塔塔爾人，過去毒死了鐵木真的父親，結下了仇恨，所以我們今天才遭到鐵木真的報復。鐵木真現在身分這樣顯赫，生活特別富貴，他的威名已經遠颺，我們姐妹倆嫁給了他，有什麼不好呢？我看這要遠遠勝過嫁給那些亡國奴！」也速一聽沉默了，不覺心動。

接著，也速乾又勸導了妹妹一些話說，鼓動妹妹和她一起嫁給鐵木

真。也許，在也速的心裡，她早已暗自願意，她不過是想做大老婆罷了。

也速乾又說：「我聽說他已有兩個妻子了。別人的心裡怎麼想我不知道，我的貴夫人的位置情願讓給妹妹呀！」

也速想了一會兒，說：「那些事，就以後再說吧！」

她們姐妹倆的話音沒落，就聽一個人接著說道：「妳們還商量什麼呢？妳真是一位好心的姐姐，自己貴夫人的位置都願意讓給妹妹，當妹妹的，可是應該領情重謝呢！」隨著說話聲，帳篷的門簾已被揭開，鐵木真邁著高貴的步伐，春風得意地走了進來。

也速一見鐵木真，馬上驚慌失措，趕緊躲到姐姐的背後。沒想到，姐姐反而把她推給了鐵木真，正好與鐵木真撞了個滿懷。鐵木真順手抱住她，也速乾也乘機躲了出去。

一個柔弱膽小的弱女人，怎麼可能抗拒得住一個威猛的大男人？一般來說，在這種情況下只有兩種應對辦法，要麼為了保全名節尋死覓活，要麼珍惜美好的姻緣情願湊合⋯⋯

第二天，鐵木真進入軍帳處理軍機大事，他叫也速陪伴在右邊，也速乾陪伴在左邊。深明大義的也速乾，自願以大做小，維持家庭的和諧與平安。部落裡的各位將領聞聽後，紛紛前來慶賀。鐵木真感到非常開心。

鐵木真率領大軍凱旋回來，還帶來了塔塔爾族全部財物和婦女，另外還有極少數俘虜。這場戰爭，鐵木真的確得到了不少好處。可是，要想從此就和強大的金國聯合，這對於鐵木真來說是好還是壞，現在還不得而知。

鐵木真回到牧地後發現，他三個長輩答里台、阿勒壇、忽察兒在半路都溜走了。他派人出去一調查才知道，這3人都投奔札木合那邊去了。

闊亦田一戰後，札木合已經眾叛親離，古兒汗的名號早已名存實亡，

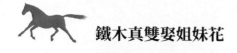

他投降王罕，其實根本沒有什麼實力。所以，鐵木真對於這 3 個叛徒逃到札木合那邊去這件事，根本就沒放在心上。但是，札木合投效王罕這件事，倒使他放心不下。他怕札木合在王罕那邊挑撥是非，叫王罕找他的麻煩。於是，鐵木真就藉著替他大兒子術赤向王罕的女兒求婚為由，派人給王罕送禮去。

送禮的人一走，鐵木真了卻了一件心事，心神似乎安定了許多，於是他來到也速的帳篷裡喝酒。正好也速乾也在這裡，三個人就在帳幕門並排就坐，喝起酒來。

隨著時間的推移，時過境遷，姐妹倆舊情淡忘，也就樂得安享榮華富貴了。這實在說不清是她們的無奈，還是她們的幸運。

與王罕徹底決裂

統一蒙古草原，需要憑藉強大的實力。經過激烈的群雄逐鹿之後，靠自己的實力足以問鼎草原的強大部落，首推克烈部，其次是乃蠻部，最後是鐵木真的蒙古部。

實力自然是重要的一方面，在擁有實力的同時，更需要首領具有領導才能和制定正確策略的能力。在這方面，鐵木真比克烈和乃蠻部首領都要勝出一籌。

鐵木真有絕對的權威，令行禁止。他能夠籠絡部下為之捨命向前，他懂得聯合強部，逐一的去消滅敵手。在好鬥的鐵木真羽翼豐滿之後，他面臨的形勢是如何與更強的對手決一高低，獨霸草原。

現在，鐵木真占據蒙古草原之東，與他相鄰的是地處草原中部的克烈部王罕，再往西邊就是乃蠻。統一草原的戰爭，首先在鐵木真和王罕之間展開了。

鐵木真和王罕是義父義子關係，他們之間有兩代恩情，算得上是深厚的。最初，是鐵木真之父也速該幫助王罕驅走他的叔叔古兒汗，使王罕得以執掌克烈部的大權。然後，是王罕援救弱小無助、前來認父的鐵木真，擊敗了篾兒乞人，幫助鐵木真奪回了的妻子孛兒帖。

大約在鐵木真第一次稱汗後不久，王罕為了鞏固自己的地位殺親弟弟，西走乃蠻的額兒客合剌求得乃蠻的幫助擊敗王罕，迫使王罕棄國西逃。就在窮困潦倒之際，鐵木真及時前往迎接，幫助他恢復了對克烈部的統治。

　　由此可見，王罕與鐵木真一家兩代相交，他們互為依託，在困境中積聚力量，逐漸強盛起來。然而，在弱肉強食的爭霸鬥爭中，親生父子、兄弟成仇的事情屢有發生，作為義父義子關係的王罕和鐵木真，除非義子永遠向義父俯首帖耳，否則就不可能指望他們合作到底。在一次王罕和鐵木真在一起開會的過程當中，王罕就曾背信棄義地在食中下藥、酒中投毒，欲將鐵木真置之死地而後快。

　　鑒於當時的形勢，鐵木真不能與王罕徹底決裂，他只能隱忍不發，暫時維持著雙方的聯盟關係。當敵手逐一被消滅後，都企盼獨霸草原的王罕和鐵木真，彼此便開始反目成仇，他們之間的危機也就一觸即發了。

　　一次，王罕的部落大肆搶掠了滅里吉部落，得到了無數男女人口和財物，但是結果他自己獨占了勝利果實，連一個牧民，一隻牲畜也沒有贈送給他的盟友鐵木真，也沒有把這件事向鐵木真通報一聲。

　　過了不長時間，忽然有人報告王罕說，部落軍隊和牧民被乃蠻和麴薛吾等部落的騎兵從後面追襲，搶劫了許多東西，連王罕的兒子桑昆的妻子兒女，也被搶劫去了。

　　王罕馬上派遣使者去見鐵木真，向他詳細報告了他們部落被搶劫和俘虜的情況，還說滅里吉首領有兩個兒子，已經被王罕部落俘虜，現在也趁機逃走了。

　　鐵木真真誠地對使者說：「我們兩個部落的關係情深誼厚，本來不亞於父子，都是因為聽信部下的讒言和挑撥離間，因此才產生懷疑，疏遠了感情。現在既然軍情緊急，急需支持，我馬上派遣四員能征善戰的將領和你們去解除危難，你們說這樣辦如何？」

　　鐵木真不計前嫌，義不容辭解除危難的行動，讓王罕的使者感恩不盡。於是，鐵木真就命令木華黎、博爾術、赤老溫和博爾忽「四傑」，帶

著快速鐵騎軍隨使者前去增援。

　　鐵木真快速鐵騎軍到了阿爾泰山附近時，就聽見前面的廝殺聲驚天動地，鼓角聲響徹雲霄。「四傑」知道，前面正在開戰，而且聽起來非常激烈，殺得難捨難分。

　　一行人登上山頂瞭望，只見遼闊的草原軍旗飛舞，塵土飛揚，王罕部落的騎兵正被乃蠻軍殺得丟盔棄甲，落花流水，眼看著七零八落地退下陣來。「四傑」等人見狀，急忙率軍衝下山來，揮軍掩殺。

　　此時，王罕部落已經損失了兩位將領，王罕的兒子桑昆的馬腿中箭，險些被敵人活捉。危急時刻，木華黎迅速趕到，救出了桑昆，沖上前去與敵人迎戰。乃蠻的頭目麴薛吾等人雖已經戰勝，但是長時間的廝殺，不免勞累乏力，怎麼經得起這一支如狼似虎的生力軍。

　　增援部隊生龍活虎，見人就殺，遇馬就刺！不到幾個回合，麴薛吾軍隊難以招架，漸漸向後退卻。「四傑」率領的軍隊越戰越勇，直把敵人殺得四散奔逃，潰不成軍。

　　戰後，王罕在軍營裡召見了鐵木真派遣的「四傑」，只有博爾術一個前去接受了召見，其他人素知王罕不夠仗義，懶得見他。王罕讚賞博爾術為人忠義，贈送他一件錦衣和 10 個黃金酒杯，還對他說：「我現在年事已高了，將來部落裡的這些百姓，不知道讓誰來率領他們了！我的幾個弟弟都沒有什麼好德行，難以服眾，一個兒子桑昆也和沒有一樣，他既無德也無才。你回去以後，請轉告你的主人說，他假如還沒有忘記過去交情的話，願意和桑昆結拜為安答，這樣我就有了兩個兒子，我也就能安心了！」

　　「四傑」回來後，轉告了王罕的話。於是，王罕就和鐵木真在土兀刺河岸擺設酒席，相互祝賀。兩個部落的首領和民眾，關係融洽，氣氛友好。雙方在此訂立了盟約，約定一旦遇到戰事，就要共同對敵。

　　這件事過後不久，鐵木真就想與王罕部落通婚，以密切雙方的關係。鐵木真想為長子術赤向王罕的女兒抄兒伯姬求婚。然而，這個要求被桑昆拒絕了。

　　就在這時，札木合認為有機可乘，又蠢蠢欲動。他趁機挑撥離間，暗地裡勾結鐵木真的手下阿勒壇、火察兒和答力台３個人，唆使他們背叛鐵木真，投靠王罕。而桑昆對於父親認鐵木真做義子早就心懷不滿，他害怕鐵木真借此強大起來，以兄弟的身分威脅他繼承克烈部的汗位。札木合等人的挑撥言語，此時正合桑昆的心意。

　　幾天過後，桑昆向他父親報告說，他部下的將領阿勒壇等人前來投誠，並且阿勒壇還向他通報了鐵木真準備攻擊王罕的祕密。

　　王罕聽了卻不以為然，對兒子說：「鐵木真好幾次為我解救危難，咱們不應該辜負鐵木真的好心。況且我已經年老了，也活不了多少時間了。只要在我活著的時候不被別人砍死，我死的時候骸骨能夠平安地合葬在一處，我也就心滿意足，死也瞑目了！我不想我自己去找死。至於你，你想怎麼做就怎麼做去吧，不過，你還是謹慎一些才好！」

　　顯然，王罕這樣說既不辜負鐵木真的好意，又慫恿了兒子，可見他是首鼠兩端的人，也稱得上是老謀深算了。

　　桑昆和阿勒壇等人果然商量了一條毒辣的詭計，準備誘捕鐵木真。他們定下了計策，立即派人去邀請鐵木真前來出席宴會，以便當面訂立婚約。

　　胸懷坦蕩的鐵木真對這件事沒有產生懷疑，只帶領了十多個騎兵和少量步兵，當天就起程，到王罕那裡去參加宴會。

　　鐵木真的隊伍正行之中，突然奔來一名快馬騎兵，說有機密要事求見主帥。那人急急忙忙地向鐵木真報告說：「我是王罕部落裡的牧民，名

叫乞失里。我因為聽說桑昆言而無信，表面上允許婚事，在暗地裡卻設下陰謀，現在已經扣留下了你派去的使者，準備派出騎兵襲擊。我對這樣的陰謀一直就非常痛恨，特地前來報告。你們部落趕快準備對敵吧，他的馬隊很快就到了！」

鐵木真聽了心裡大驚，他說：「現在我的手下的人馬不過幾百人，哪裡能抵擋得住王罕部落的大隊人馬？現在，我們返回駐地已經不及，只有趕快到附近的山中躲藏起來，避免被動挨打！」說完，他立即召集部下，命令他們拋掉粗笨的東西，輕騎撤退。

他們沿著卯溫都兒山後行進，讓哲別在後面巡哨，一直走到第二天太陽偏西的時候，來到了哈闌真沙陀，在這裡駐軍休息。

鐵木真的人正在草場上放馬，突然發現沿著卯溫都兒山前，有大隊騎兵奔來，但見塵土飛揚，遮天蔽日。於是，趕緊報告鐵木真：「王罕的軍隊追來了！」

鐵木真立即上馬指揮戰鬥，他剛擺好陣形，王罕的馬隊已經衝到了陣前。好險！如果不是及早發現敵人騎兵踏起的塵土，真的就要措手不及了。王罕與鐵木真的兩軍迅速對陣擺開。很顯然，鐵木真的軍隊遠遠不如王罕的軍隊人數眾多。

王罕的第一梯隊衝上來了，鐵木真這邊的術赤台和畏答兒領隊衝出迎擊，很快打敗了王罕的第一梯隊。隨後，王罕的第二梯隊殺到，術赤台率部力戰，也很快打敗了王罕的第二梯隊。術赤台為了擴大戰果，迅速乘勝追擊，將衝上來的第三梯隊、第四梯隊也打了下去。

四個梯隊的進攻都沒有奏效，桑昆心中焦躁不安起來，他不等父親王罕下令，便策馬上前。不料被鐵木真的箭手一箭射中面腮，桑昆翻身落馬。

克烈人立刻擁上，把桑昆救回營中。經過幾番激烈的搏鬥，王罕的軍隊不得不退後幾百丈，鐵木真贏得了寶貴的喘息時間。

鐵木真催軍快行，到了溫都爾山。鐵木真登頂西望，沒發現什麼動靜，這才稍微放心。當天晚上，他們就在山後宿營。

第二天黎明十分，鐵木真的侄兒阿勒赤歹和合赤溫子兩個人正在山上放馬，突然發現遠處敵軍浩浩蕩蕩奔馳而來，他們慌忙報告鐵木真。鐵木真這時還住宿在大山的後面，根本不知道敵軍已經到來。

鐵木真接報後，連忙率軍應戰。這時，畏答兒勇敢地說：「兵在精而不在多，將在謀而不在勇。在危難的時候，我們應該多為主帥考慮。我認為，我們現在應該立即派出一支軍隊，從大山的後面繞到山的前面去，攻擊敵人的背後。主帥這邊率領一支部隊迎面攔截住敵軍，這樣前後夾攻，就能取得勝利！」

鐵木真覺得計策不錯，就點頭同意。畏答兒對鐵木真說：「我願意率領部隊去攻擊敵軍後方！我要是在戰鬥中陣亡了，我有3個幼小的孩子，請求主帥給予撫卹！」

鐵木真立刻堅決地說：「這個自然！上天是會保佑你的，我們應該不至於在戰鬥中失利。」於是，他讓折里麥和畏答兒同去出戰。鐵木真命令術赤台率領先頭部隊，自己指揮後援部隊，一齊到大山前面，排列成陣式，等待敵人的到來。

畏答兒等人率領的軍隊已經繞出大山前面，正遇上王罕的先鋒首領只兒斤，他手裡揮著大刀，迎面向前衝來。畏答兒也不和他答話，提刀與他交戰。折里麥也率領騎兵緊緊跟上。

這時，王罕的第二批援軍蜂擁而來，領軍的頭目叫做禿別干。只兒斤見援軍到來，撥轉馬頭，重新殺入陣地。

折里麥擔心畏答兒久戰力乏，連忙上前與敵將接戰。禿別干也跟著殺了上來，這時畏答兒只得迎戰。王罕兵勢強盛，很難阻擋。畏答兒這時只是孤軍奮戰，心中難免恐慌，不禁刀法疏漏，禿別干乘機舉槍刺來，恰巧刺中了他的馬腹，座騎疼痛難忍，快速奔回陣地。畏答兒駕馭不住，被馬掀倒在地上。

　　禿別干快馬加鞭，追趕上來，用長槍來刺畏答兒，沒想到前面突然衝來一員大將，把禿別干槍桿挑開，「嘩啦」一聲巨響，連同禿別干的一支長槍，一齊飛向了天空。那員將領救起了畏答兒，又在敵軍中搶奪了一匹駿馬，讓畏答兒騎著。畏答兒稍作休息，又英勇地殺入敵人陣地去了。

　　這員大將就是術赤台部下的先鋒，名字叫兀魯兀。兀魯兀力大無比，英勇非凡，他把禿別干嚇退了，救出了畏答兒，接著又去追擊禿別干。這時，王罕部隊的第三批援軍又到了，為首的將領叫做董哀。

　　董哀立即來截住兀魯兀，又是一場惡戰。術赤台率領軍隊增援，全軍將士奮勇向前，終於把敵軍殺退了。

　　在其他地方，鐵木真的幾員大將博爾術、術赤台、博爾忽、窩闊台也奮力拚殺，這幾個人都不同程度地受傷了。

　　鐵木真看到這個情景，難過得流下淚來。這時，博爾忽跑來告訴鐵木真：「剛才我往這裡來的時候，看見卯溫都兒山前塵土飛揚，敵人軍隊已經朝那個方向撤退了。」鐵木真心下稍安，指揮軍隊向其他方向轉移。

　　哈蘭真沙陀之戰是一次著名戰役，這是鐵木真一生中經歷的最為艱苦的戰鬥。許多年之後，蒙古族人們仍不斷地講述戰鬥的情景。鐵木真與草原上最為強大的霸主王罕，以及依附於王罕的許多蒙古部奮力對抗，但是敵眾我寡，力量懸殊，儘管他的勇敢的將士消滅了不少敵人，但是自己的傷亡也十分慘重，鐵木真不得不作策略退卻，尋機再起。

　　後來，王罕和桑昆父子在鐵木真的反擊戰中戰敗，他帶著少數隨從奔逃。一路上，王罕叫苦不迭。他們向西逃到乃蠻邊境邊，來到了叫克撤合勒的涅坤水地方。

　　王罕口渴了，獨自去找水喝，恰好遇見了乃蠻的守邊將領豁里速別赤。王罕趕緊聲明自己就是大名鼎鼎的克烈君主，無奈豁里速別赤不認識他，也不相信他的話，便把他捉住殺掉了。

　　他的兒子桑昆聞聽後繼續逃命，經過西夏的亦集乃城，即今天的額濟納，來到西藏地區。在那裡，桑昆到處搶劫，當地居民集合起來包圍了他，他又倉皇突圍而出，向西逃到曲先，即今天新疆的庫車。曲先的首領和居民對桑昆十分反感，就把他抓起來殺掉了。

　　就這樣，風光一時的王罕及其克烈部被消滅了，鐵木真掃除了他統一草原的最大障礙。在整個統一蒙古草原的過程中，王罕曾經屢克群雄，消滅了不少大大小小的割據一方的部落，在這個意義上來說，他還算是建立了自己的功業。

　　如今，王罕的基業已為鐵木真所有，鐵木真就此成為草原上最強大的勢力。

納忽崑山戰乃蠻

現在，鐵木真最後統一草原的重要戰爭已如箭在弦上，勢在必發。這就是再向西進軍，與強大的乃蠻決戰。

當時的乃蠻分裂為兩支，一支由不欲魯汗統治，稱「占出古惕乃蠻」，另一支由不欲魯汗之兄太陽汗統治。鐵木真曾經幾次與乃蠻的不欲魯汗及其聯軍作戰，極大地削弱了不欲魯汗的實力。這次鐵木真的兵鋒所指，是太陽汗統漢下的乃蠻部。在不欲魯汗屢遭失敗時，太陽汗漠然坐視，當王罕遭受鐵木真的突襲而敗亡時，太陽汗依然隔岸觀火。在這之後，太陽汗不得不單獨面對鐵木真的乘勝之師。

為了尋找盟友，太陽汗派脫兒必塔失為使者到長城附近的汪古部去，邀請他們共同夾擊鐵木真。於是，正在圍獵的鐵木真在圍獵現場得到乃蠻要來進犯的報告。

當時，在圍獵剛剛開始的那天，鐵木真集會宴飲。酒過三巡，興致驟起，鐵木真對各位英雄說：「從今以後，誰也不許過量飲酒，希望大家認真遵守這項命令！」

這時候，他的小弟弟鐵木格進來說：「汗兄，請示圍獵的日程，我好下達命令。」原來他們正在圍獵。

鐵木真點頭，對各位說：「諸位，請把飲酒的豪爽派頭拿出來，到獵場上見，看誰的弓馬技術占鰲頭！定在下月 15 日吧！」

圍獵的地方名叫鐵篾延客額兒，因為這裡有兩座高峰，聳立在長長的山脊上，酷似兩座駝峰。

納忽崙山戰乃蠻

山下的原野長滿榆樹和灌木叢，野獸很多。為了訓練軍兵、將士的騎射，鐵木真組織了這場圍獵。合圍的時間定在第 21 天。

鐵木真把隊伍按十戶、百戶組織起來，包圍了方圓數百里的地方，把各種野獸趕往這一原野。十戶、百戶長們各執紅、綠、黃、藍、白色旗幟。

綠旗搖動，軍隊前進；紅旗招展，士兵休息；黃旗風擺，大家吃飯；白旗聳立，下馬宿營；見到藍旗，合圍射獵。

行圍從 1204 年 2 月 15 日開始，蒙古軍士備好乾糧、水袋，各隊在 7 日之內到達指定地點，從四面八方緊圍，追逐野獸，趕往鐵篾延客額兒。

七日之中，他們見綠旗則進，見紅旗則息，見黃旗則飲，見白旗則宿，最後把野獸全部趕攏在駱駝原野。

夜晚，他們點燃篝火，輪流站崗，防止野獸脫圍。白天，他們敲響鑼鼓，謹防野獸逃跑。

到了第三個七日，他們合圍於禿勒勤扯兀惕地方，開始最後的獵殺戰鬥。

藍旗招展，鐵木真帶頭縱馬馳入獵場。獵場灌木叢生，一些地方，馬不能進去。鐵木真令軍士棄馬輕裝，手執弓箭，奮勇而進。

圍獵正酣，汪古部派使者前來告急。一位黑大漢來到鐵木真面前，行禮後說道：「我是汪古部首領阿剌忽失的使者忽難，首領讓我告知大汗，乃蠻的太陽汗要來奪您的弓箭，叫我們做他的右翼，我們沒同意。現在我特來報告，請您注意防範。」

使者還說：「乃蠻的太陽汗說，『為了宇宙的明亮，天空中有日有月。但天無二日，民無二主，我們去把蒙古人手中的弓箭奪來。他的繼母古兒別速也說，蒙古人身體有臭味，衣服破舊，需要把他們趕到遠處，只把他

們的美女豔婦擄來，讓她們洗了手腳，去擠牛羊奶』。」

鐵木真以上賓接待使者，擺宴為使者接風。為報答阿剌忽失的情誼，贈送戰馬五百匹、綿羊一千隻而返。

使者走後，鐵木真當夜即在圍場請家族成員和眾英雄好漢商討對策。聽了大家的意見，鐵木真說道：「今天大家收獵，明天向合勒合河方向進發。」

1204年3月，鐵木真率軍沿合勒合河前進，駐營於客勒鐵該合答，做進攻前的準備。鐵木真知道，乃蠻地域遼闊，人口眾多，軍士勇健，馬匹強壯，經濟文化較為發達。

鐵木真首先要做的，是進一步整頓軍事組織。他把原來以「古列延」為形式的軍事單位，按照圍獵分派了十戶長、百戶長和千戶長。此外，還組建了宿衛和散班，作為大汗的護衛軍。由千戶長、百戶長以及官員子弟中有技能、身體勇健者入選，指派六位扯兒必那顏統轄。此外，鐵木真又選出一千多勇士，令阿兒孩合薩爾統轄，戰鬥時做先鋒，平日做散班。

1204年4月16日，鐵木真整軍舉行祭旗儀式。

這一天，草原上站滿了數萬騎士。各位將領身著盔甲，手持利劍，領軍立於藍色旗下。

鐵木真頭戴金盔，身著銀甲，登上帥臺。立時萬軍躁動，「鐵木真！鐵木真」的呼喊聲響徹草原。有人早已備好馬血的九駿，把碗盞呈上。

鐵木真接過碗盞，仰望蒼天，下禱厚土，說道：

蒼天護佑，地母垂顧！軍旗所到，頑敵蕩滅！乃蠻的太陽汗口出狂言，要奪我弓箭。在此之前，我們先去收繳他的箭袋，奪取他的人民，占領他的土地！我們的騎士，所向披靡，戰無不勝！我現在命令，軍隊出發，前進！

隨著鐵木真的一聲令下，人喊馬嘶，整個草原一片沸騰，軍旗在風中

招展，紛亂、沉重的馬蹄踏上通往阿爾泰山方向的道路，揚起高高的灰塵，霎時間遮住了藍天上的太陽。

這一戰，是蒙古族古代史上著名的「納忽崐山之戰」。

戰鬥伊始，雙方激烈交鋒。戰鬥在納忽崐山前和東麓進行。鐵木真派4位前鋒率四千餘軍馬出擊，四千餘軍馬，如四千餘猛虎。

蒙古兵懷韁腰間，拉弓勁射，乃蠻軍紛紛落馬，後繼軍士抽劍砍殺，如鍘刀斬草，所向無敵。在不怕犧牲的蒙古軍面前，乃蠻軍難以抵擋，紛紛潰逃。鐵木真的四位先鋒帶領軍士把乃蠻軍像老鷹抓小雞一樣捕捉、追殺著。

不久，鐵木真親自率領護衛軍和「四傑」從東南殺入，他們像割草一樣斬殺著乃蠻軍。

天黑以前，鐵木真軍層層包圍了納忽崐山，點燃篝火，防止乃蠻軍乘夜突圍。當夜，乃蠻軍為了逃命滾下山崖而死者無數。

天亮以後，蒙古軍攻上山頭，乃蠻軍已無鬥志，紛紛繳械投降。

鐵木真率領軍隊窮追不捨，路過乃蠻部落原來駐地的時候，鐵木真大軍把那裡的所有人口和牲畜，都全部奪取了過來，連太陽汗的老婆古兒別速也一起捉拿了過去。

當天鐵木真升起軍帳，先叫人把太陽汗從外面推了進來，鐵木真只是簡單地詢問了幾句話，太陽汗這時嚇得渾身發抖，膽顫心驚。鐵木真笑著對他說：「這樣沒用的傢伙，留他有什麼用處？」命令將士把推出去，立即斬首，隨後將士們把古兒別速獻給了鐵木真。

處決札木合

在乃蠻部被粉碎以後，鐵木真成為北蒙古的君主，幾乎統治了所有部族。剩下的一個難題是怎樣處置昔日的盟友、後來背信棄義的札木合了。

乃蠻人的盟友、鐵木真的對手札木合已眾叛親離，落到了一種人人驅之的處境，過著流亡生活。

札木合躲進唐努山中，跟隨他的僅5人而已。他在森林中，以狩獵和劫掠為生，過著朝不保夕的悲慘生活。正當他處於這種可悲境地時，發生了一個決定他命運的悲劇事件。

一天，札木合獵了一隻野羊。他點燃柴火，把羊放在火上烤熟，準備飽餐一頓。

正當他大口啃著烤熟的羊肉時，早已對這種窮酸生活感到厭倦的他的五個隨從突然向他撲來，把他抓了起來。他們用繩子將他牢牢捆住，將他押送到了鐵木真處。

札木合從小與鐵木真結為安答，後來在統一蒙古諸部的鬥爭中，與鐵木真爭鬥了20多年，打了5次大仗。

今天，他卻被自己的夥伴活捉送給鐵木真。他雙眼緊閉，回想起與鐵木真5次交鋒的情景，每戰歷歷在目。

鐵木真為何每戰必勝？是我不如他嗎？他為何路越走越寬，部眾越來越多？是我的想法和需求不對嗎？這些問題，他自己找不出答案。

在白氈大帳裡，鐵木真正襟危坐。札木合向他微躬身軀，請安問候，隨後說：「下奴擒拿了汗主，這事安答你怎麼看？身為奴僕卻圍擒本主，英明的安答你看對嗎？」

處決札木合

鐵木真聞言說道：「身為奴僕怎能侵犯本汗主，這種人還能與誰為伴！」他下令斬了捉拿札木合之人。

然後鐵木真對札木合說：「現在我們倆人又相會了。過去做安答時你懷異心離開了我，現在我們重新做安答，忘了的事互相提醒，睡著時要及時叫起。你過去雖然離開了我，但仍然是吉慶的安答，打仗時你總是心疼我，比如與王罕作戰時，你把王罕說的話告訴了我，這是你的提醒之恩；與乃蠻作戰，你用言語嚇壞了太陽汗，這些事我都不會忘記。」

聽了鐵木真的話，札木合回答說：「小時候，我與你結為安答時，情同手足，可後來輕信了外人的挑撥，讓我們分離了。想起我們立下的誓言和我後來的言行，真是無顏再見安答的面。你如今不記前仇，要與我重新和好，更讓我感到不安，該做朋友時，我沒能做朋友。現在四方都已平定，各部落都來歸附，草原大國就要建立了，汗位非你莫屬，我再與你做朋友還有什麼益處呢？我活著只會使你感到不安。」

草原上的英雄最終只能有一個，已經窮途末路的他即使活下去，也不會再有作為。札木合嘆息了一聲，繼續說：「我今天兵敗被俘，沒有顏面與你相見。你已經收服了各個部落，皇帝的大位子已經決定了，從前我們相交很深，該做好夥伴的時候，我沒有抓住時機，結成友好聯盟。今天你成為大汗，還要我做什麼？你如果不忍心殺我，就像皮膚上的虱子，背上的芒刺一樣，反而讓你不得安心！真是天數難逃，過去的洪福不會再來，不如讓我自行了斷吧！」

鐵木真聽了這些話，對札木合猶有憐意，他想即使在他們兩人之間發生不睦之後，札木合也沒有用下流的語言咒罵過自己。鐵木真想，札木合安答雖然離去，但從未聽他說要殘害自己的生命。

鐵木真說：「我本來並不忍心殺他，他想自盡，就依從他罷了！」

鐵木真隨後即提出了處死札木合的理由：「從前在盜取馬群的時候，札木合安答你前來攻打，我們交戰於荒野，你把我逼入狹地。這個事你不會忘記吧？現在我想友好，你不答應，即使想保全你的性命也沒有辦法了。現在就依照你的話，叫你不流血而死，不把你的屍體拋棄，以禮埋葬！」

於是，鐵木真下令按處置貴族的方式，賜札木合不流血死。採取這樣的死刑，是因為蒙古人認為靈魂居於血液之中，不流血就保住了靈魂。

這也是按古代土耳其、蒙古薩滿教的信仰，殺死有罪的尊貴人物的慣例進行。

札木合當天就自殺了。

這位曾與成吉思汗分庭抗禮的首領，這曾一度使成吉思汗前途難卜、命運多舛的人物，被厚葬到了一個高地。

根據阿爾泰山地區薩滿教徒的說法，札木合的靈魂將從那裡永遠地保佑他的戰勝者的後裔。

遼闊的蒙古草原絕大部分都已處在鐵木真的統治之下了，到這時，鐵木真才有了他自己的獨立的可汗地位，他順應統一的大勢，艱苦創業，克敵制勝，終於取得了成功，下一步便是創建國家。並憑藉新的政權，掃平草原上尚未降服的勢力，再驅趕他的鐵騎去征服更加廣大無邊的土地，以成就他的偉業。

繼承汗位

　　1205 年，鐵木真 33 歲。這年冬天，鐵木真領軍返回斡難河老營。在返回營帳的第二天，鐵木真召集部落首領到斡難河參加大會，樹起了歷史很古老的九足白徽的旗幟，蒙古族俗稱這種旗幟為察干蘇勒德，象徵王權和軍威，旗幟在草原大風中飄揚。

　　在軍帳的正中坐著八面威風的鐵木真，他的兩旁侍衛林立，防衛森嚴，各部落首領見狀依次先後進帳拜見，互相慶賀戰爭的勝利。

　　鐵木真站起來又坐下去，向前來祝賀的各部落首領答禮，各部落首領齊聲說：「主帥不必多禮，我們都願意真心擁戴，推舉你為草原的大汗！」

　　鐵木真對此躊躇不決，合薩爾高聲說道：「我的哥哥威名遠播，功德超人，怎麼不能做個更大的首領？我聽說中原有個皇帝，我哥哥也稱著皇帝，那就更好不過了！」他真是快人快語。

　　各部落的首領聽了這句，都歡聲雷動，群情振奮，齊聲擁護，一齊高呼皇帝萬歲！

　　闊闊出前來向鐵木真說：「昨夜我面見了天帝，天帝說你已到做大汗的時刻。」

　　闊闊出平時總是喜歡談論人的禍福和命運，還經常被他預測準確，得到應驗。聽了他的話，鐵木真遙拜蒼天，然後對他說：「過去，消滅克烈部時你曾傳達天帝的旨令，讓我當合木黑蒙古之汗，現在又出此令是為何意？」

　　闊闊出微閉雙眼，略靜片刻，說道：「上天有千萬隻眼，無所不知，無所不曉，令你做大蒙古之汗，已令出 3 次了。」

聽了闊闊出的話，站在一邊的幾個人也都勸說：「從碧綠的興安嶺到雪白的阿勒台山峰，從北方的貝加爾湖到南方雄偉的長城，都已歸入您的統治下，建立氈帳百姓統一的大蒙古國是人們的願望，現在已到了這一時刻，應該順從天意才是。」

鐵木真沒有說話。好長時間後，他轉臉又問闊闊出：「天帝讓我做蒙古國大汗，賜予我什麼稱號？」闊闊出沉默片刻說：「賜號『成吉思』，你擁有四海，堅強有力，是名副其實的海內大汗，上天賜予你這吉祥的名字，是我們眾人的幸福！」

闊闊出是個聰明人，透過眾人的臉色、眼神早已看出了大家的疑問，於是把他已經編好的一套「理由」擺了出來：「天神告訴我讓鐵木真可汗稱『成吉思汗』，並沒有說明這幾個字的含義。我自己理解不外乎這麼幾個意思：我們草原各部幾乎都有可汗，其中某些力量稍強的人就妄自尊大，比如札木合等就曾稱為『古兒汗』。『古兒』，普也，古兒汗即眾汗之汗，『普天下的可汗』。乃蠻的可汗自稱『太陽汗』，也就是說他是『全世界的可汗』。聽說在西夏西南，有的人還稱『達賴汗』，『達賴』意為海洋，『達賴汗』即海洋汗、大海汗、四海之內可汗。但他們既沒有征服眾汗，更沒有統一天下、平定海內，相反卻一個個先後國破身亡。我們今天征服諸部，統一漠北，這才是名副其實的古兒汗、太陽汗、達賴汗。然而這幾個稱號已被玷汙，我們的可汗功蓋宇內、威震四海，不能再因襲這些稱號，因此天神賜號為成吉思汗。」

鐵木真和諸位那顏都聽得入迷了。但有些將領來自其他部落，他們不信薩滿教，對闊闊出的話自然是更加懷疑。

他們同意鐵木真不要因襲古兒汗、太陽汗等稱號，但是對於究竟稱不稱「成吉思汗」的問題還有所保留。

闊闊出為了說服這些人，就不能只是借助天神的旨意。幸好闊闊出是一個知識豐富的人，他靈機一動，又想出了一大篇道理。

他說：「從字面解釋，我們蒙古的『成』含有堅強之意，『吉思』為眾數，由此推論，成吉思汗應為眾人的、強大的可汗。從另一個角度看，『成』又含有偉大、強大之意，『吉思』也可理解為『最大』，成吉思汗即偉大的可汗，或者稱為大多數人強有力的皇帝。還有一種理解，『成吉思』與『騰吉思』同音，『騰吉思』即海洋之意，成吉思汗也可以說是海洋可汗、海內可汗，無論怎樣理解，『成吉思汗』這個稱呼也是吉利的、名副其實的。」

聽到這裡，鐵木真突然打斷了闊闊出的話，劈頭問道：「如此說來，這與你剛才說的古兒汗、太陽汗、達賴汗豈不是異名同義嗎？」

闊闊出皺了皺眉頭，稍微考慮了一會兒，然後又回答道「以上幾種解釋，確有異名同義的毛病，所以我並不主張那樣理解，因為那些說法還不足以表示我們的可汗功蓋天下、威震四海。我曾聽漢族人說過，中國第一個統一天下的人自稱為始皇帝，意思是說他功過三皇、德高五帝，這個稱號很有氣魄。我們的『成吉思汗』這個稱號，則是神仙所賜，上天所命，所以用不著我們多做解釋，『成吉思汗』就是天賜的可汗，就相當於漢人的天皇帝。」

闊闊出的一席話正說中了鐵木真的心思，鐵木真非常高興，諸部那顏更是喝彩叫好，大家一致同意鐵木真的尊號為「成吉思汗」。

然後，成吉思汗定國號為大蒙古國。從這時起，「蒙古」就成為草原各部的總名稱了，一個統一的蒙古民族的共同體出現在世界的東方。

1206 年春天，在斡難河畔舉行了隆重的成立大蒙古國慶典。這一天，天氣晴朗，風和日麗，草坪上築起的成吉思汗宮帳威嚴壯麗。這是一

頂用 8 根頂柱、24 塊哈那支起的大蒙古包，包頂用藍色花邊裝飾，包緣閃動著金光。

　　一陣慶賀的鑼鼓和奏樂過後，成吉思汗高舉手臂，大聲宣布：

仰仗上天的護佑，依靠大地母親的垂顧，得到千萬百姓的支持，我即蒙古汗位，國號命名為大蒙古國！

封賞功臣

慶典進入第二階段，成吉思汗封賞功臣。

第一位被封賞的是蒙力克老人。成吉思汗對他說：「你是我同生共長、有福有慶、有很多功德的人。其中，王罕父子用計害我，途中是你諫阻，才使我不墮漩渦、不入煙火，此功此德，直到子子孫孫，不能忘記！今後，給你設位坐在我的上角，每年每月對你論賞，直到子孫不絕。」

成吉思汗非常感謝博爾術的忠誠。對他說：「在我小的時候，失去八匹白騸馬，你連向你父親都沒有說一聲，就幫助我追回了那八匹馬。你是富翁的獨生子，何以與我交友？完全是一片忠心！從那以後你來到我這裡，在不爾罕山一起躲避篾兒乞人的追殺。有一次我們倆人出去，受到幾個敵人的伏擊，搏鬥中突然有一支箭射中我，我昏迷過去，你立即用熱水給我漱口，使我吐出了喉嚨裡的凝血，使我的靈魂重又回到我的身體裡。在答闌捏木兒格思與塔塔爾對陣時，夜雨滂沱，你為了讓我安眠，張著氈衣為我遮雨，你支著腿在雨地裡站了一夜。博爾術，你的功勞說不盡，你的忠誠感泣鬼神！」

於是封博爾術為第二千戶，地位在眾人之上，可以九次犯罪不受懲罰，並任命他為管轄西邊直到阿爾泰山地方的軍事統帥 —— 右手萬戶。

木華黎被封為第三千戶，成思吉汗任命他為左手萬戶，管轄東邊直到哈剌溫只都山即今大興安嶺的地方。

木華黎很早就隨其父古溫兀阿投靠了鐵木真。有一次古溫兀阿等六名隨從與成吉思汗一起逃避乃蠻人的追擊，成吉思汗的座騎突然死掉，另五名隨從大驚失色，只有古溫兀阿將自己的馬交給成吉思汗，然後徒步與追

兵激戰而死。

木華黎英勇善射，足智多謀，隨成吉思汗共歷艱險，戰績顯赫，與博爾術、博爾忽、赤老溫一起被稱為成吉思汗的「四傑」。

成吉思汗對豁兒赤說：「自幼你便與我為伴，甘苦與共，你出過大力。很早以前你就把上天的旨意告訴我，說我將做國主。你還說，如果天意應驗，你要做萬戶，還希望娶三十名美女為妻。現在，你從降服的百姓裡，挑選三十名美女吧！」

接著，成吉思汗又封豁兒赤為千戶，並讓他在三千名巴阿鄰族人的基礎上，再加上赤那思族、脫幹劣思族、帖良古惕族的百姓，共一萬人，由豁兒赤做萬戶，轄區為沿額兒的失河的林木百姓住地。

巴阿鄰人納牙阿也以忠於故主而受到嘉獎。成吉思汗對他說：「你和父兄一起擒拿了泰赤烏人部的塔爾呼太，你說屬民不可以侵犯自己的領主，就把他放掉了。你來到我這裡，當時我說你是通曉愛護領主的大道理的人，可以委付大事。後來你送忽闌姑娘到我這裡，並且說了真話，我又一次說你是誠實的人，可以委付大事。現在博爾術是右手萬戶那顏，木華黎是左手萬戶那顏，我任命你為中軍萬戶那顏！」

對於兀魯兀部首領術赤台，成吉思汗盛讚他的功勞說：「在與克烈人作戰時，雖然是畏答兒首先請戰，但最後成事的是你。你一連串打敗了土綿土別格人、斡欒董合亦惕人和豁里失列門的一千名護衛，直取他們的中軍，射傷了桑昆的臉頰，這是你最大的功勞。在我們共飲班朱尼湖水後，你做先鋒進攻克烈人，蒙天地佑護，我們把克烈部的百姓征服了，這是你的又一個功勞。你在殺伐之時，不惜犧牲，作戰之時，不失陣地！」

這樣，鐵木真封術赤台為管轄兀魯兀的千戶那顏。同時為了酬答術赤台，成吉思汗還把自己的一個妻妾亦巴合別乞賜給他做妻子。

封賞功臣

在每次戰爭中都勇敢地衝鋒陷陣的「四條猛狗」，即忽必來、者勒蔑、哲別、速別額台。

成吉思汗對他們大加讚美：「你們幫我扭斷了強梁的脖子，幫我摔得力士屁股著地。忽必來、者勒蔑、哲別、速別額台你們四人猶如我的四條猛狗，無論叫你們到哪裡去，你們都會將堅石撞碎、崖子衝破、深水橫斷！所以在廝殺時，叫你們四狗做先鋒，叫博爾術、木華黎、博爾忽、赤老溫四傑隨從我，叫術赤台、畏答兒帶領兀魯兀和忙忽人立於陣前，這樣我就安心了。」這四個人也都成為千戶那顏。

成吉思汗還深情地對者勒蔑說：「你的父親札兒赤兀台老人背著風箱，從不爾罕山下來，當時正值我在斡難河的迭裡溫孛勒答黑地方出生，就送了我一個貂皮的襁褓。那時你者勒蔑也在襁褓之中。以後你做了我的門戶內的奴隸，建立了許多功勞。你是我的一同生長在貂襁褓裡的吉慶同伴，你可以九次犯罪不罰！」

成吉思汗也沒有忘記忠心耿耿地為他戰鬥而死的勇士們以及他們的子孫。蒙古家族視天下為家產，因此成吉思汗按照分配家產的體例，給自己的親族分配了大量的人戶。

對母親月侖夫人撫育的四個養子，即失吉忽禿忽、博爾忽、曲出、闊闊出都被封為千戶。

鐵木真說：「畏答兒在戰鬥中首先請戰，立有功勞，應當給他的子孫們以撫孤的賞賜！」

鐵木真又對察合安豁阿的兒子納鄰脫斡鄰勒說：「你的父親察合安豁阿忠勇作戰，在答闌版朱思之戰中為札木合所殺。現在以你父親的功勞，給你以撫孤的賞賜！」

納鄰脫斡鄰勒說：「我族捏古思人分散在各部，倘蒙恩賜，請允許我把捏古思的兄弟們收集起來。」

成吉思汗於是下令：「你可以收集你的捏古思兄弟們世世管轄！」

此外，按照蒙古習俗，幼子享有優先繼承遺產的權利，即俗稱「幼子守灶」，這是蒙古氏族的主要特徵之一。那麼幼子拖雷將要繼承成吉思汗直接領導的十多萬軍隊，還將繼承成吉思汗直接統治的蒙古高原中部地區。

鐵木真其他年長的兒子則分離出去，自謀生計。因此，成吉思汗生前分封諸子，拖雷留在他父母身邊，繼承父親所有在斡難和怯綠連的斡耳朵、牧地及軍隊。

成吉思汗留下的軍隊共有 12 萬 9 千人。其中一萬一千由拖雷繼承。1227 年成吉思汗死後，拖雷做了監國。

成吉思汗的千戶制，是一種軍事、政治、經濟三位一體的制度，它基本上打破了以血緣關係為基礎組成的原始氏族，變成了按地域編制的軍事行政組織。

這種組織既保存了氏族部落勇於戰鬥的長處，又克服了舊貴族分部而治的弊病，從而完成了蒙古草原從分裂向統一、從部落聯盟向真正的國家的轉變。

成吉思汗分封的 95 個千戶，既是為蒙古國創造物質財富的基本力量，又是進行征服戰爭的主要工具。

頒布大札撒法令

　　成吉思汗為了加強統治，建立元朝之初就設置了司法行政機構，以大斷事官為其長官。斷事官在蒙古語中被稱為札魯忽赤，其職責一是掌管民戶分封，二是掌管刑罰詞訟。

　　大斷事官就是蒙古國最大的司法行政長官，相當於中原的丞相。成吉思汗在 1202 年擊敗塔塔爾後，就曾任命他的異母弟別勒古台為斷事官，任務是管理事務，審問鬥毆、偷盜和欺騙的案件。現在，成吉思汗要任命管理全國的大斷事官，這個職權更加重要了。

　　成吉思汗在一開始分封功臣的時候就說：「我的有殊勛的同伴，將予以特殊的賞賜，讓博爾術、木華黎走上前來！」當時月侖夫人的養子失吉忽禿忽正在宮帳內，成吉思汗便命令他去召喚。

　　失吉忽禿忽見成吉思汗首先賞賜博爾術和木華黎，心中不服，就開口對成吉思汗說：「博爾術、木華黎等人，難道他們比我的功勞還大嗎？難道我的功勞比他們還小嗎？想當初我還在搖車裡的時候，我就到了你的家裡，如今，我的下巴已生出鬍鬚，可我未曾有過三心二意。我從尿褲子的小孩子時候就在你的家裡，如今鬍鬚這麼長了，也未曾做過什麼錯事。月侖母親讓我睡在她的腳後，就像對兒子一樣撫著養我，你讓我睡在你的身旁，就像對親弟弟一樣照看我。現在，你怎樣賞賜我呢？」

　　成吉思汗聽了失吉忽禿忽這樣說，便下令：「你失吉忽禿忽不是我的六弟嗎？那我就給你像給親弟弟一樣的待遇。你立下過很多的功勞，我現在獎賞你九次犯罪不加罰。承蒙長上天的佑護，如今，天下的百姓順服，你就做我的眼睛和耳朵吧！我從所有有氈帳的定居的民眾中，分些

屬民給你。你今後所說的話，誰也不許更改。」

接著，成吉思汗便任命失吉忽禿忽為全國最高的大斷事官。成吉思汗對他說：「今後，你在全國的百姓中，懲治盜賊和欺騙者，該處死的就要處死，該懲罰的就要懲罰。」

接著他又說：「今後，全國的分產、辦案之類的事務，都要記在青冊上。凡是失吉忽禿忽和我商量過的所斷的案子，要記在白紙青冊上，子子孫孫永遠不得更改，誰要是更改，就要嚴加懲辦！」

從此以後，失吉忽禿忽就成了蒙古國最高司法行政長官。失吉忽禿忽斷案公正，曾給予犯人很多幫助和恩惠。為了弄清事實，失吉忽禿忽曾經屢次告訴罪犯：「不要因為恐懼而招認，不要害怕，一定要說實話！」

失吉忽禿忽的斷案的方式方法和原則，奠定了蒙古國判決案件的基礎。失吉忽禿忽後來活了 82 歲，在成吉思汗死後的窩闊台汗統治期間，失吉忽禿忽長期擔任斷事官一職，管理著漢族地區的行政事務，漢族地區把他稱為「胡丞相」。

為了維持剛剛建立的國家的統治，就必須制定法律。其實蒙古原來沒有文字，長期以來奉行著有史以來的約孫，約孫在蒙古語裡就是「道理」「規矩」的意思，也就是習慣法。貴族們掌握了統治權後，他們的口頭命令，就成為法律了。

成吉思汗的命令被稱為「札撒」，在蒙古語裡，札撒是「法度」的意思。成吉思汗在 1203 年消滅了克烈部後，曾經召集大會，訂立了較為完善的法令，不過從形式上來說，那時只是比較系統地宣布號令而已。

自從蒙古人開始使用文字，才有了寫文章的章法。成吉思汗建國的時候，命令斷事官失吉忽禿忽把決定了的事情記在青冊上，可以說從那時起，寫文章的章才有了法開端。至於後來的蒙古文，是經過長期的改革，

才日趨完善的，並沿用到今天。蒙古文字的創製和它的使用，對蒙古族各方面的建設和發展，都具有顯而易見的歷史性作用。

在 1219 年成吉思汗西征之前，他再次召集蒙古貴族大會，這次大會規定了領導的規則、法律、命令和蒙古人古代的習慣法。他命令將這些也都寫在紙上，並且將它命名為《大札撒》，然後加以頒布和實施。

每一個被封的王都領有一部《大札撒》，把它藏在金盒中，凡是在以後遇到新的大汗即位，在調動大軍或召集議大事，他們就拿出《大札撒》，仿照那上面說的話行事。除此之外，成吉思汗還有許多的箴言，蒙古語稱之為「公里克」，公里克也是臣民們所應該遵循的各種法令。

現在，成吉思汗的《大札撒》已經失傳了，但在中外史籍中仍然保留了不少有關札撒和箴言的條款，從中可以大體了解它們的內容。例如依據蒙古習慣法，札撒和箴言要求人們尊重長者，成吉思汗就說：「到長者處時，長者沒有發言時，不應該先發言，長者發言以後，才應該作適當的回答。」

札撒和箴言保護鐵木真黃金家族和那顏的統治規範，規定了人們必須留住被指定的千戶、百戶、十戶內，不允許他們轉移他處。如有違犯、遷移的人，都要被處死，而收容的人也都要受到嚴懲。札撒和箴言要求人們平時應該像牛犢一樣馴順，作戰時則應該像撲向野禽的餓鷹。

成吉思汗的札撒和箴言對保護草場和牲畜、生活禁忌等方面做了種種規定，要求全體臣民必須遵照這個命令行事，永遠不得違抗。他說：「如果隸屬於國君的許多後裔們的權貴、勇士和異密，就是官人，如果不嚴格遵照法令，國事就將動搖和停頓，他們再想找成吉思汗時，就再也找不到了！」

作為法律的成吉思汗札撒和成吉思汗箴言，在蒙古國建國初期，對於鞏固可汗的權利，維護統治階級利益造成了重要的作用。後來，隨著蒙古疆域的擴大，他們漸漸不適應新的需要了。但是，蒙古貴族在大的聚會時誦讀大札撒這個形式，仍然被長久地保存下來了。

降服周邊各部勢力

在蒙古草原的北部和西北部的森林地帶，居住著被稱為「林木中百姓」的許多部落，主要有居住在貝加爾湖東部的八爾忽、脫俄烈思、豁里、突馬等部，居於葉尼塞河上游的斡伊剌部。其中，斡伊剌部首領忽都合別乞曾多次參加反對成吉思汗的聯軍。

1207 年，成吉思汗命令他的長子術赤率領右翼軍去征討「林木中百姓」。當時的兵鋒所指，首先是斡伊剌部。斡伊剌部首領無法對抗強大的蒙古軍，只好主動投降了。隨後，術赤以忽都合別乞為嚮導，陸續招降了斡伊剌部，以及貝加爾湖周圍的不里牙愓、八爾忽、豁里、突馬等部。

同年，成吉思汗乘勝利之師，又遣按彈、不兀剌兩人為使者，去招降斡伊剌西邊的吉立吉斯部。吉立吉斯就是唐代著名的北方強部點戛斯，曾經和唐朝一起擊滅回鶻汗國。

在當時，吉立吉斯已分為許多部，他們的首領叫亦難。成吉思汗的使者一到，斡羅思亦難等吉立吉斯首領便立即表示願意歸降成吉思汗。不久，林木中百姓和吉立吉斯的首領都親自前來朝見了成吉思汗，並敬獻了他們的白海青、白騙馬、黑貂等珍貴禮品。

忽都合別乞因為率先歸附，他又幫助術赤招降了其他許多部落，成吉思汗特意賜給他和黃金家族聯姻的殊榮。

成吉思汗在降服了林木中百姓和吉立吉斯等部之後，他的統治區域向北、向西擴展了許多。

巴阿鄰部的豁兒赤因為很早以前就為成吉思汗出過力，他又曾經預言過成吉思汗將做國主。所以在蒙古剛建國時，成吉思汗遵守以前對他許的

願，封豁兒赤做了管理林木中百姓的萬戶，並答應他，允許他從降服的百姓裡選 30 名美女為妻。豁兒赤就到被降服突馬部去挑選美女。然而，此舉激起了突馬人的憤怒。突馬將豁兒赤抓起來，緊接著，突馬部公然舉起反叛大旗。

為了鎮壓突馬人的起義，成吉思汗命中軍萬戶納牙阿率軍征伐。但是，納牙阿卻推託有病，不願前往。成吉思汗只好改派了自己的「四傑」之一，大將博爾忽做統帥。

突馬人已經做好了迎戰的準備，在密林裡設下埋伏，布置哨探。博爾忽只帶三個人，遠離大軍先行偵察。突馬哨探將這個情況報告給了女首領孛脫灰塔兒渾，她立即指揮突馬人截斷博爾忽退路，並將博爾忽擒獲殺掉了。

得知博爾忽被殺的消息，成吉思汗悲怒交加，他要親自出征突馬部。博爾術、木華黎兩人苦苦相勸，成吉思汗這才沒有親自去。這時他改派朵兒邊部的朵兒伯多黑申前往，並命令說：「你要嚴整軍馬，禱告長生天的佑護，一定把突馬人消滅掉。」

朵兒伯多黑申率軍悄悄地一直摸到突馬人住處附近的山頂。他們從山頂瞭望突馬的百姓，就像從帳房的天窗看下面一樣。頃刻間，渾然不覺的突馬人便成了蒙古大軍的俘虜。

突馬人起義就這樣被鎮壓了，成吉思汗為悼念死去的博爾忽，將一百名突馬人賜給博爾忽的家屬做奴隸。同時，准許豁兒赤重新從突馬部中挑選三十名美女為妻，將突馬部的女首領孛脫灰塔兒渾，賞給忽都合別乞做了妻子。

吉立吉斯與突馬部的住地是相鄰的，成吉思汗派兵征討突馬部時，命令吉立吉斯協同夾攻，但吉立吉斯人違命不從，還起而反抗。在鎮壓了突馬部之後，成吉思汗派術赤率軍進討吉立吉斯。

吉立吉斯人自然不敵，眾人西逃。蒙古軍乘勝追擊，再降吉立吉斯，並使其西面的帖良兀、客失的迷、失必兒、巴尹吉惕等個個林木中百姓紛紛臣服。成吉思汗將這些林木中百姓授予術赤來管轄。

在成吉思汗建國時，他已經威名四震，西部鄰國有的主動歸附，有的在強大的蒙古騎兵的進攻下迅速滅亡。在歸降的鄰國中，畏兀兒是首先歸附成吉思汗的。

畏兀兒為唐代回鶻族的後裔。9 世紀中葉，回鶻汗國滅亡後，回鶻人分三支，從漠北西遷。後來，畏兀兒早就接受了遼王朝的統治，在 1125 年遼為金所滅。宋室的耶律大石在西遷中亞後，建立西遼政權，畏兀兒繼續接受了西遼的統治。1121 年，畏兀兒王曾經遵照成吉思汗的旨令，親自帶著大量財寶到蒙古晉見成吉思汗。成吉思汗將女兒嫁給了畏兀兒王，並讓畏兀兒王享有第五子的待遇。從此，畏兀兒歸降了成吉思汗，成吉思汗借此打開了通往西方的通道，為他在爾後的西進提供了便利的條件。

1121 年，畏兀兒西面的哈剌魯也降服了成吉思汗。

哈剌魯就是唐代的葛邏祿，在當時，他們居住在巴爾喀什湖東南的伊犁河和楚河一帶，首領是阿爾思蘭汗，住在海押立，也就是今天的哈薩克巴爾喀什湖以東卡帕爾城附近，他們處在西遼的統治之下，西遼當時也派少監駐在這裡。哈剌魯王在得知蒙古勢力西進的消息之後，立即派出使者去見成吉思汗，並且自稱，他是成吉思汗這位世界征服者的臣僕。成吉思汗告誡他，不要一味地貪戀狩獵，以免成為其他人的獵物，並送給他一千隻羊以代替獵物。

降服了哈剌魯之後，成吉思汗的下一個進攻目標就是西遼了。由於屈出律現在成了西遼國的國王，所以追殺屈出律，就等於向西遼國開戰。

跨越帕米爾追剿逃敵

成吉思汗與諸將開始策劃追剿蒙古草原上的最後一個逃敵屈出律的作戰計畫。

最後，成吉思汗決定於 1218 年秋派哲別率兩萬騎兵先行追剿，其餘各路蒙軍，除木華黎部繼續對金作戰之外，各部相機待命，隨時準備增援哲別部。

西遼又被稱為哈剌契丹國，它是由金滅遼後遼國的皇族耶律大石所建立的契丹貴族流亡政權。

1124 年，耶律大石見金滅遼已成為定局，他覺得大勢已去，便率部退到漠北，取得了漠北十八部酋長的支持，企圖借此機會，興復遼朝。

1130 年，金國舉軍北伐，耶律大石不抵，他攢集兵馬向西撤退。耶律大石擺脫了金軍追擊，西逃到葉迷立，即今新疆額敏，在此構築城堡，休整人馬，準備見機行事。在這個時候，耶律大石擁有的軍隊為四萬帳，實力還不算小。

在當時，哈剌汗朝的大可汗對境內的哈剌魯、康里諸部叛亂一籌莫展，遂遣使節到葉迷立城堡，請耶律大石出兵幫助他鎮壓叛亂，並表示情願讓位給耶律大石。

耶律大石一聽樂得天賜良機，遂傾巢率兵，進入哈剌汗朝的都城虎思斡耳朵，即現在的吉爾吉斯共和國托克馬克西南布拉納吉古城，並收編了早先移居到哈剌汗朝的一萬帳契丹人，使其兵力大增。哈剌汗朝的文武百官便尊奉耶律大石為帝，號稱天佑皇帝。同時，廢哈剌汗朝的大可汗。

跨越帕米爾追剿逃敵

　　耶律大石藉機稱帝後，開始了接連征戰。他先後征服了可失哈耳即今新疆喀什、忽炭即今新疆和田、哈剌魯、畏兀兒、乃蠻等部，國境南至乃蠻部，北抵金山，東至哈密力，西至花剌子模，成了當時中亞最強盛的國家，史稱西遼或後遼。

　　所謂物極必反，最強盛的國家就是走向衰落的開始。耶律大石死後，統治集團內部的爭權奪利，導致國力衰微，與此同時，境內諸部乘機叛亂，脫離了西遼。原先向西遼納貢稱臣的花剌子模國，也乘機大舉入侵西遼。

　　就在這個時候，戰敗的乃蠻人屈出律一夥輾轉逃到西遼首都，投奔了直魯古皇帝。

　　屈出律向直魯古皇帝建議，立即招募四處逃散的乃蠻人為軍，就可以幫助西遼鎮壓境內的叛軍，還可以抵禦花剌子模軍的入侵。

　　屈出律信誓旦旦地對這位西遼老皇帝表示：「我們乃蠻人都國破家亡了，現在散落在海押立、別失八里、葉密立一帶。假如您能夠允許我去招募乃蠻散兵來這裡，我們就願為您效力。只要您的國家能夠收留我們，我們就願意為您肝腦塗地，幫助您消滅您的敵人。」

　　直魯古老皇帝不僅對這位逃難王子屈出律的忠心深信不疑，還將女兒許配於他，招他為駙馬。

　　這下子，屈出律就和當年西遼的創始人耶律大石一樣，把乃蠻部和篾兒乞部的殘餘勢力招集到西遼首府，時間不長，就組成一支較為強大的軍隊。

　　再也不想過流亡生活的屈出律羽翼已豐，見直魯古皇帝老朽昏庸，就企圖奪取他的帝位，並派人與花剌子模暗中勾結，密謀共同滅掉西遼，瓜分它的國土。

　　1210 年，直魯古皇帝出兵征討叛軍。屈出律事先與花剌子模約好，

乘機舉兵。直魯古分兵擊敗了屈出律，但他抵擋不住花剌子模軍的進攻。花剌子模軍在撒麻耳干，即今烏茲別克共和國撒馬爾罕的奧斯曼部進行聯合，一同作戰，攻占了西遼首府虎思斡耳朵。直魯古皇帝馬上從能力所及的各地徵兵，經過 16 日苦戰，終於將首都從敵人手中奪回。

但是在瓜分戰利品時，他的軍隊因分贓不均發生衝突，而且還燒殺搶掠自己的百姓。直魯古再也控制不住局勢了。隨即，軍隊又發生了叛亂。

重整旗鼓的屈出律乘虛而入，收編叛軍，擒獲皇帝，並自稱西遼皇帝，但在表面上仍尊稱直魯古皇帝為太上皇。僅僅兩年，直魯古皇帝憂憤而死，西遼於是成為屈出律的天下。

現在，對屈出律來說，乃是一個振興復仇的好機會。他一直沒有忘記蒙古人是如何滅亡乃蠻部的，於是他發憤圖強，想方設法鞏固西遼。但是，屈出律的西遼政權仍然擺脫不了滅亡的命運。他篡位後倒行逆施，激起了人民的憤慨。他又對進行叛亂的居民實施最為惡毒的征討：每到秋收的時候，屈出律就發兵征討，縱火焚燒他們的莊稼，使他們顆粒無收，餓殍遍地。經過三四年這樣的征討和蹂躪，反抗的人們不得不向屈出律屈服。

為了防止再發生叛亂，屈出律下令向每一戶人家派駐一名西遼軍士兵。

然而，這些西遼的士兵胡作非為，給當地人埋下了更為仇恨的火種。屈出律又繼續發兵征討其他反抗的地方，強迫當地人放棄宗教信仰。屈出律下令將原來的宗教領袖釘死在十字架上。致使當地的宗教教徒對屈出律恨入骨髓。

屈出律興兵征討那些不改信別教的哈剌魯脫黑魯兒汗。脫黑魯兒汗大敵當前，難以抵擋，只好去找屈出律的死對頭成吉思汗，並向成吉思汗詳細地匯報了有關西遼和屈出律的各方面情況。

　　成吉思汗自從殺死太陽汗，滅掉乃蠻部後，與屈出律的仇恨雖不及與王罕的三個兒子那樣強烈，但他還是在擔心屈出律利用西遼的力量來復仇。

　　成吉思汗也不能容忍屈出律欺負已經臣服自己的大蒙古國的哈剌魯部。他命令哲別加緊備戰，務必於 1218 年秋開始征討西遼的軍事行動，徹底追殺屈出律。

　　秋天正是秋高馬肥的季節，蒙古騎兵常在這個季節出征。1218 年秋天，哲別奉命率兩萬精騎進入哈剌魯部境內。速不台、忽必烈、術赤台三將率兵進駐乃蠻部和畏兀兒部境，在那裡相機增援。

　　屈出律剛一聽說哲別率蒙古騎兵來了，嚇得魂不附體，馬上下令停止圍攻阿力麻裡城，倉皇退逃。

　　哲別哪肯放過作惡多端的屈出律，他率部跟蹤追擊，沿途宣傳蒙古軍保障宗教信仰自由的政策。蒙軍騎兵一心追殺屈出律，對當地的百姓秋毫無犯。

　　在蒙古軍的支持下，脫黑魯兒汗的兒子昔格納黑的斤繼承了汗位，馬上著手在阿力麻裡恢復秩序，然後歸附蒙古。同時，被屈出律蹂躪的百姓收回莊稼，殺死了駐在家中的西遼士兵，像盼望救星一樣歡迎這些蒙古騎兵的到來。

　　由於蒙古軍宣布對當地百姓愛戴有加，又允許他們宗教信仰的自由，因此深得當地人民的歡迎。大將哲別一路上沒遇到任何抵抗，順利從哈剌魯部進抵西遼首府虎思斡耳朵城下。

　　守城的契丹族士兵早就恨透乃蠻人屈出律的倒行逆施，立刻打開城門，迎請哲別進城。

　　此時，屈出律帶著由乃蠻部和篾兒乞部殘餘勢力組成的嫡系部隊，倉

皇逃出虎思斡耳朵。哲別立即換乘快馬，兵分三路，對屈出律實施遠程平行追擊，終於將其截獲，幾乎殺光了所有的人，但狡猾至極的屈出律又逃掉了。哲別組織輕騎兵繼續快速追殺屈出律，他的主力部隊則分兵西遼各地。

驚慌失措的屈出律，嚇得逃到喀什噶爾，喘息未定，聽說有輕騎追來，慌忙繼續西逃。

屈出律還打算像以前那樣，潛入穆思塔山脈的深山老林中銷聲匿跡，以躲過蒙古騎兵不停地追殺。

但是，哲別的輕騎部隊快如閃電，他們在恨透了屈出律的當地人的指引下，迅速追進了茫茫的穆思塔山。

穆思塔山的主峰海拔 7860 公尺，這裡可以俯瞰整個帕米爾高原。每座山峰都陡峭異常，冰川聳立，幽谷曠野渺無人煙。

氣喘吁吁的屈出律爬上了海拔 3000 公尺的撒里黑山谷，他自以為擺脫了蒙古騎兵的追擊，心裡才有了少許放鬆。

然而，就在這時，蒙古騎兵突然出現在撒里黑山谷。這個撒里黑山谷只有進口，沒有出口，嚇破了膽的屈出律像無頭蒼蠅一樣撞到了絕路。

蒙古騎兵旋風般追來，刀光閃耀中，屈出律被削為兩段，他的部下通通做了刀下鬼。

哲別在西遼挑選了一千匹與成吉思汗的座騎一模一樣的栗色戰馬，連同屈出律的頭顱，一併獻給了成吉思汗。

現在，成吉思汗在蒙古草原上的最後一個敵人被消滅了，剩下來的，都是草原以外的敵人。

這時的西遼，也併入大蒙古帝國的版圖，蒙古的西部邊界開始與另一個中亞強國花剌子模接壤。

一場狼煙又將升起來了。

蒙古軍進攻西夏

身為大蒙古國的開國皇帝，成吉思汗與世界上所有的帝王一樣，認為自己是世界的領導者，世界各國都應以他為軸心而轉動。他曾說：「上天使我建立了世界上獨一無二的最強大的政權，我之上只有一頂帽子。」他的第一個目標是進攻西夏國。

提起西夏建國的歷史，那是源遠流長的，歷史非常久遠。西夏國的始祖拓跋思恭，原來是朔方党項部落的後代。唐朝末年黃巢起義，引發戰亂，拓跋思恭率領軍隊支援唐朝，因為作戰有功，被唐朝封賞為夏國公的官職，因為皇帝姓李，皇帝讓他改姓李，作為榮耀的本家，世世代代都把西夏國稱為夏州，位於蒙古國的南部邊境。

西夏國的王位傳到党項族首領李繼遷之孫、傑出的軍事家元昊的時候，占據的地域逐漸寬廣。西夏國因為學習漢民族的經濟文化而成為一個半農半牧的城池之國，手工業也較為發達，能織氈、造兵器和陶瓷等，尤其是用駱駝毛織成的氈毯被西歐人馬可波羅譽為世界上最精美之物。

西夏擁有 22 個州，即今寧夏回族自治區全部，今甘肅的大部，陝西、新疆及青海、內蒙古自治區的一部分。西夏的首都設在興慶府，即今銀川。

成吉思汗在發動攻西夏戰爭之前，便對西夏的情況有比較詳細的了解。他特別看重西夏的戰略地理位置，是準備攻擊的主要目標金國的屏障，是蒙古軍將來進攻金國的練兵場和前進基地，又是歷史上絲綢之路經過的主要地段，是當時克烈部、乃蠻部及畏兀兒商人進行貿易的極好市場。

所以成吉思汗思前想後，一定要帶著軍隊去征服這個國家，期望能收到一舉多得的功效。

但是，擺在成吉思汗面前有兩個難題還暫時無法解決。一是出師無名，於理不順；二是西夏不同於遊牧部落，城池堅固，攻之無方。

正在成吉思汗犯愁之時，已歸附他的篾兒乞酋長的孫女忽蘭來拜見成吉思汗，說：「大汗不是為出兵西夏犯愁嗎？從前克烈酋長王罕之叔局兒罕曾在西夏避過難，王罕之子桑昆也曾在西夏境內逗留過，您就可以以此為理由興師征討。」她這一條建議把成吉思汗的第一個難題給解開了。

不久，成吉思汗大將木華黎來見，面奏說：「大汗還記得攻打塔塔爾兩個土寨的事吧，我們一面火攻一面廝殺，不是很快就把寨子攻破了嗎？」

木華黎對這一段歷史的回顧，又啟發了成吉思汗，使他第二個難題也解開了。

成吉思汗先後數次征伐西夏。第一次是在成吉思汗即位前的 1205 年，克烈部的桑昆兵敗而逃，進入西夏尋求庇護，成吉思汗派兵追剿。

西夏主雖然派軍抵抗，但不敵蒙古軍，被蒙古軍攻占力吉里、落思等城堡，擄掠了大量財物、駱駝。

夏主李純枯被迫稱臣納貢，放桑昆逃往花剌子模國。但第二年，李安全登基，斷絕了與大蒙古國的貢賜關係，繼續投靠金國，請求給予幫助。因此，成吉思汗決定第二次征伐西夏。

1207 年秋，成吉思汗親率大軍，派哲別為先鋒，深入西夏腹地，經黑水城，直奔東西交通要城兀剌海。

但是，西夏軍民恃城堅守，蒙古軍缺乏攻城經驗，圍城四十餘日而不下。成吉思汗決定用火攻。他向守城官吏提出，假如城中交出一千隻貓和

鴿子，蒙古軍就解圍撤兵。對這一奇特的要求，敵將覺得驚奇。

他們萬萬沒有想到，蒙古軍在這些貓和鴿子尾上拴了澆透油的麻絮，點火齊放，驚恐的貓和鴿子驚叫著回到自己的家裡和巢中，引起城中大火。

與此同時，蒙古軍發起了總攻，終於攻破城池。夏主李純枯在蒙古軍的壓力下，相拒了五個月，最後無力抵抗，遣使求和，將女兒獻給成吉思汗，並送了大量金銀財寶和駱駝，請求歸附。

自從 1207 年夏主李純枯表示臣服後，暗中卻仍與金國聯繫，所以成吉思汗決定南下征討。

蒙古軍仍從黑水城入境，直襲兀剌海城。夏主李純枯派世子李承楨為主帥，大都督高令公為副帥，領五萬大軍進行抵抗，但未能抵住蒙古軍強大的攻勢。城破後，副帥高令公被俘不屈被殺。

蒙古軍一部攻破兀剌海城，與守軍展開激戰，俘獲西夏太傅西壁氏。成吉思汗率蒙古主力，長驅直入西夏都城中興府。

在中興府外圍要衝克夷門，即今寧夏石嘴山市東北，在那裡與西夏軍大將嵬名令公統率的五萬兵展開激烈戰鬥，雙方對峙兩個月。

成吉思汗乘西夏軍小勝鬥志鬆懈之際，埋伏精兵，大敗夏軍，俘獲嵬名令公，破克夷門，旋進圍中興府。夏襄宗親督將士，憑堅城死守不降。

成吉思汗見黃河水暴漲，便命令軍隊引水灌城，淹死城內軍民無數。後來外堤決口，黃河水倒淹蒙古軍。

成吉思汗自知難以長久立足，遂改變策略，派使者入城談判，迫使夏襄宗納女請和，並答應每年向蒙古納貢。這樣西夏便在名義上臣服了蒙古。

在蒙古降服西夏後的七八年間內，成吉思汗一直把西夏當作蒙古國的附庸。西夏在經濟上年年納貢，軍事上經常奉調軍隊參加攻金作戰，政治上俯首聽命，與金國的關係也惡化了。

這種被奴役的地位和為蒙古疲於奔命的狀況，促使西夏宮廷內的反蒙勢力愈來愈大，西夏與蒙古的關係也由馴順到疏遠，逐漸發展到抗爭。

1217 年成吉思汗要徵調西夏軍隨從蒙古軍西征時，遭到西夏的拒絕。更令他生氣的是，西夏使臣膽敢藐視蒙古大汗，聲言「力既不足，何必為汗」，他派大將木華黎率領蒙古軍，第四次進攻西夏，給西夏以懲罰性重擊。

木華黎長驅直入，包圍夏都中興府。夏神宗率精兵突出重圍，逃奔西涼府，遣使乞降。成吉思汗認為西夏是不能移動的遊牧國家，再過幾年攻之也不為遲，所以下令撤軍，以便集中主力進軍中亞、西亞和歐洲。

1223 年冬，西夏新即位的夏獻宗德旺，改變其父夏神宗附蒙攻金的政策，於 1224 年與金國達成和議，稱「兄弟之國」。

夏獻宗還派使者到漠北去聯絡被成吉思汗吞併的諸部殘餘勢力，共同抗擊蒙古軍。

這時，成吉思汗正在西域作戰，得到攻金大將孛魯的報告，方知西夏陰蓄異謀，密令孛魯伺機征討，再給西夏以懲罰性打擊。

1224 年秋，孛魯及大將劉黑馬率蒙古軍第 5 次進攻西夏。蒙古軍攻克銀州，殺死西夏軍數萬人，俘其大將塔海，擄掠人口及牛羊馬駝等數十萬。

夏獻宗遭此打擊，只得遣使乞降請罪，方使蒙古軍退去。

攻占金國的中都

　　成吉思汗在蒙古草原上創立了中國歷史上又一個強大的遊牧民族政權。方興未艾的蒙古軍事力量，在蒙古國建立之初，便在征討西部鄰國的同時，急不可待地南下，直指富足的定居民族金朝。

　　金朝是中國歷史上以女真為主體建立的王朝，先建都會寧府，即今黑龍江阿城南白城鎮，後遷都燕京，今北京，其創建者是金太祖完顏阿骨打。

　　女真族的祖先很早就生活在長白山和黑龍江流域。五代時，女真之名始見於史籍，並受契丹所統治。女真完顏部為首的部落聯盟建立後，很快統一了女真各部。

　　此後，女真族的發展進入一個新的時期。1114 年 9 月，女真族領袖完顏阿骨打率部誓師於淶流河畔，即今黑龍江與吉林省間拉林河，向遼朝的契丹統治者宣戰。他在取得寧江大捷和出河店之戰勝利後，於 1115 年稱帝建國，國號大金，年號收國。

　　金朝建立後，在護步答岡會戰中大敗遼軍，隨後展開以遼五京為策略目標的滅遼之戰。攻取五京的前後步驟是東京，今遼寧遼陽、上京，今內蒙古巴林左旗南、中京，今內蒙古寧城西大名城、西京，今山西大同、南京，今北京。五京一下，遼朝隨即滅亡。金滅遼後，與北宋遂成敵國。金太宗完顏晟即位後，挾滅遼之威，很快席捲而南，於 1127 年滅亡北宋。以後金與南宋多次交兵，南攻與北伐，均無力改變南北對峙的局面。

　　金在與南宋、西夏並立期間，迫使西夏臣附、南宋屈辱求和，始終維持其霸主地位。

中原上邦，蒙古各部都向其納貢稱臣。為了擺脫屈辱的臣屬地位，踏進中原大地，成吉思汗決定向金國宣戰。

對於蒙古牧民來說，這是一場非同小可的大規模戰爭，因為，金國當時統治著除甘肅省和河套平原以外的整個黃河流域，是當時最強大的王國之一。

金國的主人，那些昔日的女真人，儘管已被中原同化，但他們在中原土地上，仍保留著他們的祖先通古斯森林狩獵民族所特有的驍勇善戰的特點。

此外，金人在中原土地上生活已有一個世紀之久，因而擁有中國古老的文明所創造的一切財富。

在這種情況下，蒙古牧民同金人作戰，更艱難。他們將要對付防守堅固的要塞，而進行這種攻堅戰，他們根本沒有經驗也沒有足夠的條件。

金國邊境還有萬里長城，長城腳下修築有許多防禦據點，這條長城從西向東，構成了金國的一條連貫的防線。

成吉思汗為了攻打金國，首先設法取得了居住在長城北側的汪古惕人的幫助，從而得到了寶貴的盟友。

汪古惕地面的自然條件可以使蒙古人感到就像在自己的家鄉一樣自在，毫無身處異域之感。這裡沒有樹木，到處是一望無際的草原。

成吉思汗早就同此地的主人突厥汪古惕人建立了聯繫。

汪古惕部的首領阿刺忽石帖勤忽里在 1204 年曾有大功於成吉思汗。當時他曾拒絕參加乃蠻人策劃的反對成吉思汗的聯盟。

為了酬謝他立下的這一大功，成吉思汗曾在 1206 年舉行的即位大典上封他為蒙古帝國的達官貴人之一，還把自己的親生女兒阿刺孩別乞討許配給阿刺忽石帖勤忽里的繼承人之一為妻。

這是成吉思汗王室同汪古惕部王室間的首次聯姻，後來，在整個 3 世紀中，兩家又數次聯姻。

汪古惕部所據地盤在地理上處於非常重要的地位。而且，汪古惕部同金國早有契約關係，是中原長城的守衛者，是金國部署在長城外側的哨兵。

把汪古惕部籠絡到手，成吉思汗就等於在戰爭開始以前就摧垮了敵人的前線防禦，不費一刀一箭就把其帝國的勢力擴展到了對方最重要的防線長城的腳下。

多年的戰爭實踐使成吉思汗深深懂得知己知彼的重要性，並養成了每戰必先察敵情的良好習慣。

在發動攻金戰爭之前，他就特別注意利用來往於蒙、金之間的使節、官員、商人等，了解和收集金國情報。在他與王罕結盟期間，金國向王罕派出了一員使節，名叫耶律阿海。

成吉思汗探聽到這位金國的使節，並不忠於金國皇帝，因此主動去找耶律阿海面談。

兩人談話十分投機，耶律阿海告訴成吉思汗說：「金國亡日可待，本人願意做蒙古進攻金國的內應。」成吉思汗為得到這樣一個深知金國內情的人極為高興。

在攻金戰爭發起之前，成吉思汗即把耶律阿海留在自己身邊，參與機謀，出入戰陣。

他手下有個叫札八兒的親信，是同飲班朱尼湖水的功臣，為人十分精明，記性特好。

成吉思汗派札八兒出使金國，進一步核實和補充了耶律阿海等人提供的金國情報，還特地收集了進出金國北境的道路、山川、險隘等軍事地理

情況，為後來成吉思汗確定進軍的路線、選擇攻金的突破口積累了第一手資料。

1211 年春，成吉思汗誓師克魯倫河，禱告天地，親統大軍，只留下脫忽察兒領 2000 餘騎士留守本土，踏上了南征之路。

蒙古軍幾乎是全部出動，兵分 3 路，中路軍由成吉思汗親自率領，是蒙古軍的主力部隊，他們 3 月出發，至陰山汪古惕部駐地，休兵避暑。

7 月沿撫州，經宣德府，向居庸關進軍；東路由阿勒赤那顏、速不額台率領，經遼東，攻桓州；西路派術赤等四子攻打西京。

成吉思汗派哲別迂迴烏沙堡，襲擊烏月營守軍，蒙古軍大勝。烏月營失守，烏沙堡失去防禦作用，金軍敗退，烏沙堡被蒙古軍占領。烏沙堡守將千家奴被金廷免職。

烏沙堡戰役的勝利，使蒙古軍士氣大振，他們乘勝追擊金軍，大破金軍於宣平附近的會河堡，金軍守將完顏胡沙隻身逃奔宣德。

西路軍進圍西京，西京留守名叫胡沙虎，另一將領是抹捻盡忠。胡沙虎聽說蒙古軍要來，十分害怕，率所部 7000 人棄城東走，想回中都，途中遇到蒙古軍，胡沙虎隻身逃往中都。

另一守將抹捻盡忠獨自堅守西京，因城堅固，蒙古軍久攻不下，抹捻盡忠因此而立功。

西路軍返身掃蕩河北各地，蒙古軍所至，金軍望風而降，唯西京沒有攻下。

東路軍於 7 月攻下桓州，緊接著攻下大水濼，然後向臨潢府推進。

成吉思汗的中路主力乘勝追擊，攻占宣德府，攻打居庸關。居庸關是進入中都的咽喉要塞，因而金軍防守嚴密，蒙古軍久攻不下。

蒙古軍先鋒將領哲別採取佯敗誘敵戰術，先將大部分兵馬撤離關前，

攻占金國的中都

只留少數老弱殘兵在城下百般辱罵，以激怒金軍，金軍出擊則敗走，並遺棄各種物品，給金軍造成蒙古軍因久攻不下無力再戰、準備撤軍的假象，誘使金軍出關進擊。

金軍中計，出兵追至雞鳴山，哲別見時機已到，突然引軍轉身反擊。蒙古軍驍勇善戰，戰馬馳突，刀箭齊下，金軍不敵，其精銳部隊全部被蒙古軍殲滅。

蒙古軍大獲全勝，成吉思汗隨之入關，駐蹕龍虎台即今北京南口附近，準備攻取中都。但中都城高牆厚，金主又調外軍入衛，防守非常堅固，因此哲別將軍無功而退。

1212 年，成吉思汗第二次興兵南下，進軍的路線與上年基本相同。蒙古軍連續攻破昌、桓、撫州，攻陷宣德州、德興府，再圍西京城。

金帝派元帥左都監奧屯襄率師來援，成吉思汗誘敵至密谷口，金援兵全被殲滅。西京城下，蒙古軍盡力圍攻，金兵堅守不懈，成吉思汗中流矢受傷，只好撤圍。

正當成吉思汗的大軍在金國邊境停滯不前時，發生了一件有利於成吉思汗的政治事件。

原來在金人占領北京以前 2 個世紀，北京被另一個少數民族契丹人占領著。

契丹人統治北京達兩個世紀，接著，金王的祖先從他們手中奪取了北京。金人和契丹人屬於兩個民族，金人屬於通古斯 —— 滿語族，是今滿族的前身，而契丹人則主要屬於蒙古族，老家在今遼陽地區，契丹人雖然失去了北京的統治權，但 3 個世紀以來他們一直住在中原土地上。

所以與成吉思汗的臣民們相反，他們幾乎完全被中原同化了。但他們懷念昔日的光榮歷史，一直想向戰勝他們的金王復仇。

果然，1212 年春，契丹人的親王之一耶律留哥帶頭發起暴亂叛離金王，集合手下的契丹人前來投靠了蒙古人。

成吉思汗不失時機地利用剛發生的這一事件，派大將哲別率領一支軍隊去攻遼陽。

但遼陽城防堅固，哲別首戰失利。於是，哲別佯裝敗退，且戰且退，同時設埋伏於遼陽城附近。退了一段路程以後，哲別突然回轉馬頭，揮軍反擊，進行奇襲並占領了遼陽城。

這樣，耶律留哥就在蒙古人的支持下宣布稱契丹王，充當成吉思汗的附庸。

經過為時兩年之久的堅持戰鬥，成吉思汗在 1213 年終於取得了決定性的勝利。

蒙古軍隊的勝利在北京宮廷內部產生了強烈影響。

1213 年 8 月～9 月，金國內一名將領胡沙虎弒其君金王衛紹，改立王室的另一成員為君，即宣宗。

成吉思汗立即抓住金國宮廷發生政變和混亂的良機，在同年秋天大舉入侵金國，一直攻到金國的中心。他把軍隊分成左中右三路，三路大軍一齊殺奔而來。

成吉思汗與其第四子拖雷率領中路軍，主要目標是華北大平原。

當時，部下紛紛要求攻入北京城。但成吉思汗頭腦十分清醒冷靜，拒絕了這一提議，因為他認為，北京城城防堅固，蒙古軍隊還沒有足夠的裝備足以使他們攻下這座城。

成吉思汗決定只派一些部隊圍住北京，而他自己則率領大軍繼續南進。

1214 年，成吉思汗的三支大軍在北京會師。他手下的將領們又紛紛

要求攻下北京城，他又一次拒絕了這一主張。

這是因為，成吉思汗比他的這些將領們更了解蒙古軍隊攻城技術的不足之處。

同這些將領的主張相反，成吉思汗卻派了一名使節前往北京城內向金王提議媾和。

實際上，金王是不能抱和平幻想的，因為，以高昂的代價換來的和平，在當時只不過是一種暫時的休戰。

蒙古軍隊已經積累了攻破萬里長城及其附近防禦據點的經驗，因而他們隨時都會揮師重來：北京離蒙古草原太近了。

金王便以「國蹙兵弱，財用匱乏，不能守中都」為理由，提出將首都遷往南京開封府，以此躲避蒙古軍的鋒銳，苟且偷安。

此議一出，舉朝震驚，不少人極力反對。

左丞相徒單鎰說：「皇帝一離開首都，北方諸路勢必落入敵人之手。現在已經與蒙古議和，我們聚蓄糧草，徵調軍隊，固守首都，這是上策。南京毗鄰南宋，四面受兵，並不安全。如果說一定要撤退的話，退到南京還不如退回遼東，那裡是女真人的根本之地，依山背海，我們憑藉險要只需防禦一面的敵人，這樣可以遠圖大事。」

徒單鎰的建議不失為一種十分穩妥的計劃，但宣宗仍不思振作，只顧眼前，不顧大家的反對，仍然決議南遷，並以此詔告全國。

1214 年 5 月，宣宗任完顏承暉為尚書右丞相，抹捻盡忠為左副元帥，輔佐太子完顏守忠留守中都，宣宗自己率百官家眷起程南下。

成吉思汗得到消息，立即決定發兵再入金境將中都包圍。

1215 年正月，收降金國右副元帥蒲察，使中都城陷於孤立境地。

1215 年 5 月，石抹明安攻占了中都城。蒙古軍圍攻中都的同時，成

吉思汗派木華黎經遼西東下齊魯。

10 月，至高州，金守將盧琮、金樸投降。至成州，金錦州兵馬提控張鯨殺死金廷節度使，遣使投降。

1215 年 2 月，進攻大定府，金元帥寅答虎、烏古倫投降。同月，金興中府吏民殺死守城官吏，投降木華黎。

蒙古軍攻取中都後，河北諸城多降，成吉思汗傳諭金宣宗：命他將山東、河北未下的諸城奉獻，令他除去帝號，改稱「河南王」，但金主不從。

1216 年春，成吉思汗返回克魯倫行營。8 月，封木華黎為「太師國王」，賜金印，建白旄，傳諭蒙古眾將：「木華黎建此旗以出號令，如朕親臨」，把征戰中原的全權交給了木華黎。

1217 年，成吉思汗在漠北圖拉河畔，對從軍多年的將士論功行賞，同時改編部隊，這時封木華黎為國王。

成吉思汗說：「太行以北，朕親自治理。太行以南由你治理。」

準備征戰花剌子模

1218 年，成吉思汗派遣大將哲別征討西遼。西遼境土為成吉思汗所有，西遼的舊轄地東至哈密，西至花剌子模，北及巴爾喀什湖南，南抵和田地區。這樣，蒙古就與伊斯蘭教世界成為鄰人，蒙古騎士西進，與西遼舊境西邊接壤的伊斯蘭大國花剌子模，便成為首當其衝的目標。

花剌子模是亞細亞阿姆河下游的一個古老國家，是古代的「昭武九姓」國之一，過去也叫「忽似密」、「火尋」、「貨利習彌」、「火辭彌」，花剌子模是後來的譯音。

蒙古人則稱這個國家為「撤兒塔勒」，意思是經商，這是因為那裡的人們多精於商業的緣故。

花剌子模的都城在玉龍傑赤，即今天的土庫曼庫尼亞烏爾根奇。

8 世紀時，花剌子模被阿拉伯人征服，10 世紀受薩曼王朝的統治，11 世紀隸屬於伽色尼王朝，11 世紀中期又被塞爾柱突厥人建立的塞爾柱帝國征服。

1200 年，花剌子模國王摩訶末即位，他率軍南征北戰，征服了許多國家和地區，國勢強盛起來。1208 年，他殺死西遼使臣，攻入西遼國。由此，進入花剌子模的全盛時期。

摩訶末差不多與成吉思汗同時興起，他也和成吉思汗一樣企圖征服世界。他曾計劃侵入富庶的中原，但是這時從中原傳來了成吉思汗攻打金朝的消息。

為了探聽確切的情況，1215 年摩訶末派遣花剌子模使團，來到蒙古人剛剛占領的中都。

成吉思汗在營地接待了使團，讓他們回去轉告摩訶末：「我是東方的統治者，摩訶末是西方的統治者，雙方應當友好，讓商人自由往來。」

　　成吉思汗對與中亞的貿易十分重視，他稱雙方的貿易通道為「黃金繩索」。當他控制了中原北方和西部廣大地區之後，即在各條通道上設置守衛，保障通道的暢通和往來人們的安全。

　　成吉思汗甚至還頒布了一條札撒：「凡進入他的國土內的商人，應一律發給其憑證，而值得汗受納的貨物，應連同物主一起遣送給汗。」

　　因為蒙古人是遊牧民，沒有城鎮，他們缺乏衣物等手工業品，所以同蒙古人做買賣實是有厚利可圖。

　　大約在巴哈丁・剌只的使團東來的同時，有 3 個花剌子模商人帶著縷金絲織物和棉織物動身到蒙古來。

　　在邊境上守衛看中了這些貨物，便把他們送到成吉思汗那裡。其中一個商人在成吉思汗面前擺出他的貨物，凡是值 10 個或 20 幾個底納兒的東西，他竟索價要 3 個金巴里失。

　　成吉思汗對他的欺騙非常生氣，他發怒道：「這個人以為我們這裡從來沒有看過織物！」

　　於是他命人帶著他到府庫中去，讓他看裡面收藏的各種貴重織物，然後又沒收了他的貨物，把他扣留了起來。接著，成吉思汗把另外兩個商人召來，問他們的貨物的價錢。

　　這兩個商人被同伴的遭遇嚇壞了，儘管再三追問貨物的價錢，他們都不肯回答，只是說：「我們只是奉國王之命，把這些東西奉獻給汗的。」

　　成吉思汗對他們的話感到很高興，便下令盡數買下他們的貨物。他又下令放出那個被扣留的商人，對沒收的貨物也給了同樣的價錢。

　　後來，摩訶末蓄意挑起衝突。1217 年速別額台奉命追擊篾兒乞殘部，

在楚河擊敗他們。1218年正準備勝利回師時，摩訶末率軍隊追蹤蒙古軍，一直追到謙河。

速別額台前去勸說：「成吉思汗命令我們，若遇見花剌子模軍隊，要友好相待，將繳獲的物品犒勞貴軍，希望雙方不要交戰。」

但摩訶末自恃兵多，無理地回答說：「成吉思汗雖命你不要攻擊我，但上帝命我攻擊你們！」

於是，摩訶末率軍攻打蒙古軍。蒙古軍被迫迎戰，向摩訶末的中軍突擊。不可一世的摩訶末沒有想到，蒙古軍士是那樣英勇善戰，他險些被俘，得到其子的救護才得以脫險。

更嚴重的是，摩訶末違反國家交往的慣例，斬殺大蒙古國使臣和大批商隊成員。

在1218年，成吉思汗根據兩國間的通商協議，派出450人組成的商隊，由五百峰駱駝馱運商品，其中有金銀、絲綢、駝毛織品、海狸皮、貂皮等貴重物品，去花剌子模國。

成吉思汗給摩訶末致信說：

> 你邦的商人已至我處，今將他們遣歸。情況你將獲悉。我們也派出一支商
> 隊，隨他們前去你邦，以購買你方的珍寶。從今以後，我們應使荒廢的道
> 路平安開放，使商人們可以安全和無約束地來往。

不久以後，蒙古的商隊也從草原起程，向花剌子模進發。商隊走到錫爾河上的訛答剌城，發生了一件意外的事變。

訛答剌守將哈只兒汗自作主張，殺死了商人，奪取了財物。只有一名商隊的駱駝夫倖免於難，逃回蒙古立即向成吉思汗報告了同伴們的不幸遭遇。

花剌子模這種殺人奪貨的敵對行為使成吉思汗再也無法忍受，聽到這

一消息後他無論如何也平靜不下來，悲憤的眼淚奪眶而出，萬丈怒火使他暴跳如雷。

成吉思汗獨自登上一個山頭，摘去帽子，以臉朝地，跪在地上絕食祈禱了3天3夜，說：「我不是這場災禍的挑起者，賜我力量去復仇吧！」然後他走下山來，策劃行動，準備戰爭。

但在進軍花剌子模之前，他卻再次派一個伊斯蘭人和兩個蒙古人為使者向摩訶末詢問商隊被殺的真相，說：「您曾與我約定，保證不虐待我國任何商人。結果卻殺死了幾百名商人，違背誓約，枉為一國之主。假如訛答剌殺害商人之事，不是您的命令，請您把守將交給我，聽我懲罰，否則就請您備戰。」

面對著成吉思汗進攻的威脅，摩訶末也曾想把哈只兒汗獻給成吉思汗，但由於他本人並沒有及時制止這一事件，負有不可推卸的責任；又因為哈只兒汗是花剌子模的母族，又是手中握有重兵的大將，摩訶末無力控制，因此拒絕了成吉思汗的要求。

同時，摩訶末為了表示自己不失為一個大國君主，乾脆一不做、二不休，殺掉了蒙古的正使，剃掉了兩個副使的鬍鬚，然後放他們回去給成吉思汗覆命。

伊斯蘭教徒將鬍鬚當作權利的象徵，猶如生命一樣重要。因此他們在與人賭誓時常說「用鬍子擔保」，被人割掉鬍子是奇恥大辱。

摩訶末如此侮辱成吉思汗的使者，這純粹是向成吉思汗示威挑釁，是進行挑戰！把復仇行動當作光榮和勇敢的成吉思汗君臣們，堅絕不能不聲不響地嚥下這不能忍受的侮辱。

使者回來報告了事情的始末，成吉思汗知道用和平方式已不能解決爭端，決定西征花剌子模，興師問罪。他首先召集忽里勒台，進行戰事動員，部署任務。

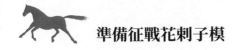

準備征戰花剌子模

　　成吉思汗從與花剌子模商人接觸到與摩訶末互定和平通商條約談起，講述了蒙古國的商隊成員被害，再派使者問罪，殺正使、剃掉兩位副使鬍鬚的經過。

　　他說：「我已下定決心，要親自率軍西征花剌子模，以牙還牙，以眼還眼！」

　　聽了成吉思汗的決定，在座的各位將軍大臣一致同意。

　　在成吉思汗的一生中，對花剌子模的戰爭是一個新階段的開始。在對花剌子模的戰爭開始以前，他幾乎還沒有走出蒙古的範圍，因為他曾前往征戰的北京地區在當時還是蒙古草原的延伸。現在，他將進入伊斯蘭教盛行的土地，進入一個未知的世界。統治著突厥斯坦、阿富汗和波斯的花剌子模帝國的勢力似乎是很強大的。

　　一切安排就緒，臨行前，成吉思汗降旨說：

> 合薩爾的子孫中報一名繼承人，合赤溫的子孫中報一名繼承人，鐵木格的
> 子孫中報一名繼承人，別勒古台的子孫中報一名繼承人，我的兒子中將來
> 由窩闊台繼承汗位。我所下達的旨令，永遠不許更改和撕毀！

　　西征花剌子模之前，成吉思汗決定在全國進行戰爭總動員，在人員、戰爭物資以及輿論上盡可能做好準備。

　　一場震撼世界的戰爭就由此引發了。

數路大軍同時進攻

1219 年春，成吉思汗召開丁忽里台，做西征花剌子模前的各種準備。他令小弟弟斡赤斤留守蒙古草原，對將要隨他出征的諸子及萬戶長、千戶長、百戶長進行了任命和分派。這一年，成吉思汗已經 58 歲了。

出征的軍隊約有 20 餘萬人，由於成吉思汗此時已經取得對金朝戰爭的初步勝利，所以在西征軍隊中吸收了一大批漢人、契丹人、女真人，他們中有不少炮軍和軍匠，這對於蒙古軍的裝備、技藝方面的提高，都有很重要的作用。

此外，軍隊裡也有一些中亞的回回商人，他們熟知中亞的交通地理和花剌子模的內部情況，有利於成吉思汗的正確的軍事指揮。

征討花剌子模的蒙古大軍繼續西行，一路上，先已歸附的畏兀兒、哈剌魯等部首領都帶兵加入了西征軍隊。

在經過天池穿越陰山時，鑿石架設了 48 座橋。接著行經阿力麻裡，西遼舊都，秋天抵達花剌子模邊境城市訛答剌。

在訛答剌城下，成吉思汗將兵分為四路：一路由察合台、窩闊台進攻訛答剌。一路由術赤指揮撲向氈的今哈薩克克孜爾奧爾達東南。一路以阿剌黑為統帥取別納客芯即今烏茲別克塔什干南、忽氈今塔吉克列寧納巴德。一路是成吉思汗和拖雷率領的蒙古軍主力，直趨不花剌即今烏茲別克布哈拉。

花剌子模方面，擁有 40 餘萬軍隊，經濟實力也相當雄厚。因此，蒙古軍隊雖然剽悍善戰。但在數量上畢竟處於劣勢，況且是遠程奔襲，各種供給難以保障。但花剌子模據地迎戰，以逸待勞，也自有他們的優勢。

數路大軍同時進攻

摩訶末知道訛答剌是蒙古軍首先重點進攻的目標，特意加強了那裡的守衛力量。

摩訶末撥給亦納勒出黑 5 萬人，另派哈剌察率領一萬騎兵進行援助，同時加固了訛答剌的城池，儲備了大量軍用物資。

正當亦納勒出黑決心固守的時候，蒙古軍殺到了訛答剌城下。

戰鬥進行了 5 個月，當訛答剌人抵擋不住蒙古軍的兇猛進攻，處於絕境之中時，哈剌察向亦納勒出黑提議投降。

但亦納勒出黑無法指望蒙古人饒他不死，因此拒絕了這個提議。哈剌察勸說不動亦納勒出黑，就乘著夜色私自出城突圍，結果被蒙古軍俘獲。

蒙古軍把哈剌察連同他手下的將官帶到察合台和窩闊台處。哈剌察表示願意歸順成吉思汗。

察合台和窩闊台說：「你們不忠於自己的主子，因此我們也不指望你們的效忠。」

於是他們下令將這些花剌子模將士全都處死。

隨後蒙古軍攻下了訛答剌城，把城裡的百姓像綿羊一般全部趕到城外，進行了洗劫。

訛答剌的內堡和外城都被夷為平地，刀下餘生的工匠和百姓被擄走，充當蒙古軍的「哈沙兒」隊，參加進攻其他城市。

按照已定分兵計畫，術赤率領第二路軍循錫爾河下游進軍。蒙古軍一路上攻城奪堡，首先抵達昔格納黑城即今哈薩克契伊利東南。術赤先派遣哈散哈只帶領使團入城，去告誡城內居民不要抵抗以保全性命。

哈散哈只原為回商人，在到蒙古地方進行貿易時，曾與處在艱難境地的成吉思汗在班朱尼湖相遇，以後便加入了成吉思汗爭霸的行列裡來。

因為哈散哈只是花剌子模人的同胞，與當地居民相熟，所以被術赤委

以這項重任。

哈散哈只進入城後，還沒有來得及向居民們傳達使命，一群流氓惡棍就以為國君立功為由，喧嚷起來，他們高呼「阿拉萬歲」，一擁而上，把他殺死。

術赤大怒，下令軍隊晝夜不停地輪番進攻。7 天之後，昔格納黑陷落，蒙古人為了給哈散哈只復仇關閉了赦免、寬容的大門，將所有的人全部殺死。

術赤率軍繼續前進，途中分別占領了訛跡邗、巴耳赤邗城，那裡的百姓沒有進行大規模的抵抗，因而免於蒙古軍的大屠殺。

蒙古軍逼近了氈的，氈的守將忽都魯汗被蒙古軍攻無不克的威勢嚇得魂飛喪膽，在晚上轉身就跑，登上旅途，渡河後橫越沙漠，赴花剌子模去了。

術赤得知忽都魯汗及其軍隊逃跑的消息後，就派一個叫成帖木兒的人帶領使團入城勸降。成帖木兒平安返回駐地，向術赤報告了此行的遭遇及城內的情況，他認為城內居民軟弱無能，意見分歧，可以輕易地攻占這座城市。

於是，術赤下令做攻城的準備，軍士緊張地填塞城壕，架設撞城器、投石機和雲梯。

蒙古軍做好準備，將雲梯架上城頭開始進攻了。這時城中的居民才投入戰鬥，毫無戰鬥經驗的居民發動了一架投石機，將一塊巨石射出，可是巨石並沒有飛向敵人，而是垂直地飛入雲霄，最後落回發射它的地方，將投石機上的鐵環砸得粉碎。

轉眼間蒙古軍已從四面八方爬上了城牆，打開城門，占領了這座城市。因為城內居民還是沒有反抗，所以在戰鬥中雙方無一人傷亡。

數路大軍同時進攻

進攻錫爾河上游地區的第三路蒙古軍 5,000 人，由阿剌黑率領來到別納客忒。

該城守將亦勒格禿滅里指揮突厥、康里軍隊與蒙古軍激戰了 3 天，儘管他們使蒙古軍的進攻毫無進展，不過還是感到抵抗極其困難。不待城破，在第四天城民們便走出城來投降。

接著，阿剌黑的蒙古軍挺進到忽氈。然而在這裡，他們遇到該城守將、花剌子模的民族英雄帖木兒滅里的英勇抵抗。當他們兵臨城下的時候，居民們躲進了內堡，希望免遭殘害，帖木兒滅里則在城北的錫爾河中間，修築了一座高大堅固的城堡，率領一千多驍勇的武士在那裡據守。

針對蒙古軍填河築壩的行動，帖木兒滅里造了 12 艘戰船，船上覆蓋溼氈，上面再塗以浸過醋的黏土，只留下一些窗口以為窺視和放矢之用。每天早晨，帖木兒滅里向各個方向派出 6 艘戰船，與蒙古軍展開激戰。

蒙古軍向戰船射箭，投擲火和石油，然而都發揮不了作用，他們填入河中的石頭，也都被帖木兒滅里的士兵拋回到岸上。帖木兒滅里還常常施行夜襲，令蒙古軍疲憊不堪。

蒙古軍下決心攻取這座屹立於河中的城堡，準備了更多的戰械，發動更猛烈的進攻。帖木兒滅里畢竟人少勢單，漸漸感到無法支撐，於是決定撤離城堡。

術赤得知帖木兒滅里頑強抵抗並準備突圍的情況之後，立即下令在錫爾河下游架設浮橋，備好弩砲，設置重兵以待船隊到來。

最後帖木兒滅里身邊僅存的幾名隨從也都戰死了，他手中的武器也失掉了，只剩下 3 支箭，其中有一支還是無鏃的斷箭。

這時 3 個蒙古人追了上來，他用那只無鏃的斷箭射瞎了一個人的眼睛，然後對另外兩個人說：「我還剩兩支箭，剛夠你們兩人享受。但我

捨不得用，你們最好還是逃命去吧！」蒙古人非常害怕他的箭法，不敢上前，只好退走。

帖木兒滅里脫身來到玉龍傑赤，重新準備投入戰鬥。他從那裡率領一支人馬進攻養吉干，殺死了蒙古派駐養吉干的長官。之後他又投奔到花剌子模算端摩訶末處，繼續在疆場馳騁，英勇殺敵。

只是在摩訶末死後，他才放下手中的武器，成為一名伊斯蘭教派教徒，前往敘利亞。

成吉思汗也在行動。當他的3個兒子和其他幾位將領在錫爾河一線一個接一個地攻陷城池要塞的時候，他和他的幼子拖雷率領中軍主力從訛答剌向古代河中地區的中心澤拉夫尚河谷進發。1220年2月，成吉思汗率軍抵達不花剌。

成吉思汗大軍到來時，守備不花剌的兵力全部是騎兵，不花剌守衛部隊由兩萬到3萬突厥僱傭軍組成。

成吉思汗指揮軍隊把不花剌城團團圍住，然後下令攻城，連續攻了3天。

蒙古軍施展其慣伎，把從當地抓來的老百姓趕在前面，發起衝鋒。

第三天，守城的僱傭軍將領失去了固守的信心，商定夜間率部突圍出城逃走。他們這一突圍計畫差一點兒獲得成功。夜裡他們開始行動，衝出了包圍圈。

蒙古軍很快冷靜地判明了情況，便整隊追擊，最後在錫爾河畔追上了這些逃跑的僱傭軍，將他們消滅殆盡。

1220年2月10～2月16日，蒙古人陸續開進不花剌城。但是，城堡仍有400餘名騎兵把守。

蒙古人宣布，不花剌城內全體持有武器的居民都必須自首，違者格殺

勿論，屍體將被填入城堡周圍的壕溝。

接著蒙古軍隊在城堡周圍架起投石器，瞬時巨石紛紛飛向城堡，打開了一些缺口，蒙古軍從這些缺口衝了進去。

第四天天剛亮，成吉思汗親自上馬，揮師包圍城池。城裡、城外的將士都集合來，緊束戰袍，決心拚死衝殺。射石機和弓弩爭先射擊，矢石橫飛。

城內的軍隊多次發起衝擊，希望能衝開一條血路，城外的軍隊一批接一批地補充，寧願戰死也不肯後退一步。蒙古軍堵住了各個城門，阻止花刺子模的軍隊沖到戰場上。

雙方在交戰的棋盤上殺得難解難分。花刺子模那些英勇的騎士們沖不出城門，不能縱馬馳騁於原野了。這時，他們讓大象投入戰鬥。面對著兇猛的大象，蒙古士兵並沒有逃跑，而是在各級將領的率領下壓住陣腳，用他們百發百中的利箭，解脫了那些遭大象進攻的人們，打亂了對方步兵的隊形。

一陣陣箭雨落到大象身上，大象終於支持不住了，紛紛轉頭往回跑，再也不聽從象夫的指揮，踩死了許多花刺子模士兵。

第六天早晨，蒙古軍開進城內，城裡的男女居民，以一百人為一群，由蒙古人監視，被趕到城外。

只有那些去晉見成吉思汗的伊斯蘭教首領以及受他們庇護的人們，才免於出城。獲得這種保護的大概有 5 萬人，大多數為工匠。隨後，蒙古人透過傳令官宣布了一道命令：「藏匿不出者，格殺勿論。」

直到天黑以後，阿勒巴兒汗才率領 1,000 名不怕死的勇士衝出內堡，從蒙古軍中殺出一條血路，前去與花刺子模算端會合。天亮以後，蒙古軍包圍了內堡。放滿水的蓄水池遭到了破壞。

那天晚上，1,000 名英勇無畏的戰士在內堡被攻破後，退守大清真寺，用火油筒和方鏃箭進行激戰。蒙古軍也使用火油筒還擊，將禮拜五清真寺焚燒一空。

摩訶末受驚病死

　　花剌子模國王摩訶末曾吞併鄰國，所向無敵，所以驕傲自大，目空一切。現在，他卻變得整日心懷疑慮，惶恐不安。

　　在蒙古軍攻占不花剌以前，他對跟隨的人說：「前來進攻我們的蒙古軍隊，只要每個人扔下他的馬鞭，就能填平撒馬兒罕城壕！」

　　後來他在那黑沙卜，對沿途的居民說：「我已無力保護你們了，自謀活命之計吧！蒙古軍是無法抵抗的。」

　　當蒙古軍攻陷不花剌後，他對自己的領地喊了四聲「阿拉萬歲」便倉皇逃亡。

　　成吉思汗選擇能征善戰的哲別、速別額台兩人去追擊摩訶末，從身邊的軍隊中挑選出 3 萬精兵，其中一萬人由哲別率領做前鋒，一萬人由速別額台率領做後衛，一萬人由脫忽察兒把阿禿兒率領緊隨他們後面支援。

　　成吉思汗命令軍隊說：「我派你們去追趕，直到將他們追上為止。如果他帶領軍隊來攻打你們，而你們無力抵抗，可馬上向我報告。如果他的力量不強，即可與之對敵。因為我不斷接到消息說，他怯弱、心驚膽顫，一定敵不過你們。如果他被你們打垮後，逃到陡山狹洞裡，你們要像強風一般吹進去，把他消滅。凡是歸順者，發給保護文書，派員鎮守；反抗者一律消滅掉！我給你們 3 年的時間，戰事結束後透過欽察草原回到蒙古草原。現在看來，我們能夠如期結束這場戰爭而凱旋！」

　　這時摩訶末正如驚弓之鳥，惶惶不可終日。他的兒子札蘭丁建議說：「河中的局面已經無能為力了，現在要竭力保住呼羅珊和伊拉克。我們或者召回分駐各城的軍隊，以阿姆河為城壕，與蒙古軍決戰，或者全

都退到印度去。」

摩訶末採納了後退的意見，來到巴里黑，即今阿富汗巴爾克。在這裡，伊拉克的亦馬忒木勒克來請摩訶末到伊拉克去，提議在伊拉克集結軍隊再考慮下一步的打算。

札蘭丁卻反對這個提議，說：「對我們來說，最好的出路是把軍隊召集起來，去攻打蒙古人，這是完全可以辦得到的。如果不贊成，要到伊拉克去，那麼請把軍隊交給我，讓我去奪取勝利。我們不應該成為眾矢之的，受人譴責，不應該讓人們說：『他們以前只管向我們索取賦稅，如今大難臨頭，卻把我們拋棄了。』」

可是摩訶末越發慌亂不堪，驚恐地從巴里黑逃往你沙不兒，即今伊朗東部內沙布爾。

跟隨摩訶末的有一群他母親禿兒罕可敦的親族突厥人，他們企圖於夜間將其謀殺。

但有人把陰謀告訴了摩訶末，他馬上轉移別處睡覺。天明時發現他原來的帳篷已被亂箭射穿。

在你沙不兒，摩訶末除了恫嚇當地人修建防禦工事和嚴加戒備之外，只是縱酒取樂，以酒消愁。

這時哲別、速別額台已經渡過阿姆河。蒙古軍以牛皮為筏，將軍械衣物裝在筏中，人坐筏上，全軍渡過阿姆河。

阿姆河以南地區稱呼羅珊，主要城市有巴里黑、你沙不兒、也裡、馬魯等。

蒙古軍首先抵達巴里黑，市民派代表獻上食品，恭敬地迎接他們，蒙古軍於是只留一人鎮守此地，同時要了一名嚮導帶路，繼續追趕摩訶末。

1220 年 6 月，哲別和速別額台進逼你沙不兒。此時摩訶末已經聽到

蒙古軍追來的消息，逃到可疾雲，即今伊朗加茲溫。他把嬪妃、子女和母親送到哈倫堡，並與伊拉克的大臣商議禦敵之計。

有人提議先躲起來為好，並建議躲到叫失蘭忽黑的山中去。摩訶末巡視了這座山之後，說：「這個地方不是我們的藏身之所。」

又有人建議躲到另一座叫唐帖古的山中去，那裡外人無法通行，而且很富裕，可以在那裡召集軍隊。

摩訶末認為這樣做將會與當地人造成敵對關係，也不同意。

他堅持駐守在可疾雲，並派人到附近地區去召集軍隊。摩訶末在烏茲維因以西數十里高山上的堅固的古要塞避難。

但在此也未久留，僅住了 7 天，就又逃到吉蘭，又從吉蘭逃到麻讚得蘭。

哲別、速別額台在你沙不兒得到糧草供應之後，便離開那裡繼續追尋摩訶末。

兩支蒙古軍在剌夷城會師，共同襲破此城。

但是剌夷城被攻破的消息一傳來，摩訶末的隨從頓時爭先出逃，摩訶末只得與少數人再次流亡。

流亡路上有一次甚至遇到蒙古軍隊，但是蒙古人僅把他們當成一支普通的花剌子模部隊，沒有認出摩訶末，只是射傷了他的馱載重物的馬匹。

摩訶末無論走到哪裡，都是還沒能住夠一天，蒙古軍就追上來。大臣們認為只有躲到裏海的島上去才安全。

於是摩訶末乘船入海，在一個島上住了一段時間，他怕走漏消息，又祕密轉移到阿巴斯昆島。

這位稱雄一時的君主此刻悲哀地說：「我征服了不少國家，現在竟沒有一塊土地可以做墳墓！」

摩訶末成為一名虔誠的伊斯蘭教徒，遵守戒律，每天進行 5 次祈禱，流淚懺悔，發誓一旦恢復政權，一定在國內實行正義。

根據成吉思汗的命令，蒙古名將哲別、速別額台率軍追擊摩訶末。成吉思汗要求他們要像獵犬一樣咬住自己的獵物不放，即使其躲入山林、海島，也要像疾風閃電般追上去。

蒙古軍追到了裏海邊，但是幾經搜尋都沒有找到摩訶末，於是包圍了剌裡贊、亦剌勒兩堡。他們圍困兩堡 4 個月之久，直至投降。

剌裡贊、亦剌勒兩堡陷落的消息傳到摩訶末那裡後，他越發驚慌，不久便患了重病。

臨終前，他廢掉了以前所立嗣位者斡思剌黑，召兒子札蘭丁前來，傳位於他。

1220 年底，摩訶末死去。倉促間找不到裝殮的衣服，只以其襯衣包裹，草草埋葬。

摩訶末死後，哲別、速別額台又揮軍北上，進入欽察草原與斡羅思地區。因術赤與察合台意見不合，玉龍傑赤久攻不下。成吉思汗命令窩闊台為前線指揮，最後才攻下玉龍傑赤城。

不可一世的花剌子模被消滅了，欽察騎兵和斡羅思諸公國也一敗塗地，古印度河、伏爾加河一帶成為激烈爭奪的戰場。

花剌子模的王子札蘭丁率領殘部進行抵抗，在八魯彎之戰中一舉消滅了近 3 萬蒙古兵。但花剌子模大勢已去，札蘭丁被成吉思汗圍困在申河邊上，最後不得不突圍逃往印度，從此就銷聲匿跡了。

玉龍傑赤攻防戰

　　原花剌子模國的首都是烏爾根奇，舊稱玉龍傑赤。玉龍傑赤位於阿姆河注入鹹海處的三角洲附近，是一個肥沃的綠洲。13 世紀，這個城市以生產紡織品而聞名，還是著名的商業中心和商隊驛站。因此，玉龍傑赤在當時十分繁榮。

　　現在，玉龍傑赤的突厥部隊決心拚死抵抗蒙古軍隊進攻，忠實於花剌子模王朝的居民也都抱此決心。

　　成吉思汗派了大約 5 萬人去攻取玉龍傑赤。指揮這支大軍的是他的 3 個兒子術赤、察合台和窩闊台，還有博爾術等久經沙場的將領。

　　術赤想不費一刀一箭就使該城投降，遂派人前去曉諭城民，說他的父汗已將花剌子模封給了他，他希望他這個首都完整無損，不遭到任何破壞。他還下令保護公園和郊區，以表明他的善意。但是，他的這一招降措施沒有取得任何效果。

　　玉龍傑赤市處於沙漠和沼澤之間，找不到可供炮擊的石頭。蒙古軍隊便在郊區砍了許多桑樹，將樹幹鋸成小段，以代炮石之用。

　　他們又強迫俘虜運來沙土填該城周圍的壕溝。壕溝填平後，蒙古軍立即開始在城牆腳下挖掘地道，潛兵攻入城內。但入城以後，他們還必須一條街道一條街道地爭奪和廝殺。

　　三千名蒙古軍前往奪橋，登上橋，向對岸衝去，但遭到對岸的敵軍的反擊，全部戰死或落水淹死。

　　不過，蒙古軍隊失利的真正原因是術赤和察合台兩人不和。術赤和察合台兄弟兩人一直互相憎惡，圍攻玉龍傑赤時他倆又發生了爭執。

術赤已經知道這座城市將是他的封地的一部分，所以他想努力使該城免遭破壞。但是，向來嚴厲而刻板的察合台激烈地反對他採取這種方針。

由於他兩人不和睦，部隊的紀律也隨之鬆弛了。最後，兩人分別向成吉思汗陳述自己對對方的不滿。

成吉思汗對他兩人的表現十分生氣，改命窩闊台統領攻城全軍，責令術赤和察合台都必須聽從其弟窩闊台的指揮。

窩闊台素以足智多謀，有遠見卓識著稱。他每天都與兩位兄長會見，針對兩人的特點，談話很講究分寸，與他們相處得很融洽，並用極巧妙的手法使他們在表面上保持了和睦。

然後他堅定地執行自己的職責，加強了軍紀，將軍中諸事安排得有條有理。經過一番整頓，蒙古士兵齊心協力地投入了戰鬥，只用一天就把旗幟插上城頭。

玉龍傑赤攻堅戰開始了，一聲雷霆閃電般的吶喊，蒙古軍把投擲器和箭矢，像雹子一樣傾瀉出去。接著，蒙古軍湧到城前，把外壘的根基拆毀。

玉龍傑赤統帥忽馬兒目睹剽悍的蒙古軍的兇猛進攻。嚇得肝膽俱裂，他知道蒙古軍必然獲勝，而他束手無策，便擅自走下城頭，離開了指揮的位置，在城中居民中引起一片紛擾和混亂。

蒙古軍先用噴射石油的器械燒燬了附近的街區，然後才集中兵力向城裡猛攻。玉龍傑赤軍民與蒙古軍展開了巷戰，每一條街道，每一個院落都要經過反覆爭奪，簡直達到了寸土必爭的地步。

被包圍的市民，包括婦女、兒童和老人，知道自己不會得到蒙古人的憐憫和恩惠，於是一齊積極地不鬆懈地投入了戰鬥，每幢房屋都變成了堡壘。蒙古軍隊繼續向這些已變成堡壘的房屋投擲燃燒著的石油罐。接著，

他們便踏著燃燒著的屍骨往前衝。

守城軍民抵抗了整整 7 天，退到了還沒被大火燒著的 3 個區。最後，他們只好派一位警長去見術赤，被迫向蒙古人乞降。

但此時的術赤，正在為自己的部隊傷亡慘重而怒火中燒，便說：「汝等以抗拒而沒我軍多人。迄今受怒火與威嚴者乃我軍也，汝等竟說汝等受我軍之怒火與威嚴！今我軍當使汝等一受之！」

術赤下令驅民出城外。市民中年輕的婦女和兒童都淪為了蒙古人的奴隸。所有的工匠被集中在一處，以便遣往蒙古為成吉思汗服務。其餘的男性居民被分別列於蒙古軍隊列之間，全部死於刀與箭之下。最後，蒙古軍掘開阿姆河堤，引水灌城，玉龍傑赤市頓時一片汪洋。此事發生在 1221 年的 4 月。

另據蒙古史詩記載，成吉思汗當時對他的 3 個兒子，主要是術赤圍攻玉龍傑赤時行動遲緩、久久攻不下此城極為不滿。使他不滿的進一步原因是他們 3 人私分了俘虜和財物，而沒有把主要部分留給父汗。

攻陷玉龍傑赤以後，他們 3 人來見成吉思汗，但成吉思汗一連 3 天拒絕見他們。最後，他的老夥伴博爾術和失乞忽禿忽出面為 3 人求情說理，成吉思汗才怒氣稍息。

成吉思汗聽了之後，便接見了 3 位王子。但在接見時，他仍對他們嚴加斥責，直罵得他們 3 人無地自容，額上汗流，擦之不迭，一動不動地站在他面前，氣不敢出。

晃孩、晃塔合兒和搠兒馬罕 3 弓箭手也出面為 3 位王子求情。3 位弓箭手的一番話才使成吉思汗心中的怒火完全熄滅了。

實際上，當時回到成吉思汗身邊的只有察合台和窩闊台兩人，他兩人同其父汗之間的關係後來一直很親密。

與他兩人相反，在攻下玉龍傑赤以後，術赤一直待在玉龍傑赤地區和今哈薩克草原，那裡是他的封地。他和他的軍隊就生活在那裡，沒有繼續參與這場戰爭後一階段的行動。

追擊新國王札蘭丁

就在成吉思汗和拖雷父子掃蕩敵軍的時候，花剌子模的國王札蘭丁在他原先的封地哥疾寧，也就是今天的阿富汗加茲尼召集軍隊，企圖向蒙古軍反攻。札蘭叮噹時集聚了康里、突厥等部的兵馬，加上原來他自己的軍隊，總計十餘萬人。

得悉這一情況，成吉思汗立即從塔裡寒寨派遣大斷事官失吉忽禿忽，還有帖客扯克、木勒合兒率兵3萬軍隊前去征討札蘭丁。

帖客扯克、木勒合兒首先進兵圍住瓦裡安堡，正要破堡而入的時候，札蘭丁已經北上進駐了八魯灣，也就是今天的阿富汗喀布爾之北，並從這裡遣軍進擊，鐵桶般圍困住瓦裡安堡的蒙古軍。

蒙古軍在此戰中被擊敗，損失一千多人，迅速撤退，並和大斷事官失吉忽禿忽的軍隊合在一處。

稍做準備後，失吉忽禿忽指揮前軍進發，在八魯灣與札蘭丁的軍隊相遇。兩軍迎面對壘，迅即擺開陣勢。

札蘭丁遣軍三路，右翼指揮是阿明滅里，左翼指揮是賽甫丁阿黑剌黑，中軍由他自己指揮，著名的八魯灣之戰開始。

蒙古軍因為人數少，失吉忽禿忽突發奇想，連夜讓每個騎兵在馬背上綁上一個氈子做的假人，迷惑敵軍。

札蘭丁的軍隊突然看到了蒙古軍突然增加了許多，以為敵人援軍已到，便準備逃跑。

札蘭丁強硬地制止了軍隊可能發生的潰亂，他大聲命令說：「還是我們的軍隊人數最多！現在，我們就擺開隊伍，從左右兩個方向包抄過

去，把蒙古軍圍起來。」軍心稍穩，鼓角齊鳴，數萬人馬一齊向蒙古軍衝過去。

失吉忽禿忽頑強地指揮軍隊拚命抵抗，但終究敵不過比他們多出兩三倍的札蘭丁軍。眼看著就要陷入被包圍的險境，失吉忽禿忽趕緊下令撤退。

這一帶的地形十分複雜，地面也凸凹不平，有許多暗坑。蒙古軍在撤退中馬匹紛紛摔倒。騎著快捷好馬的札蘭丁軍迅速趕過來追擊殺死。八魯灣之戰，成為成吉思汗西征以來所遭受的一次最大的失敗。

消息傳到成吉思汗那裡，他特別痛心，但他仍然沉著地說：「失吉忽禿忽以前總是打勝仗，沒有受過挫折。現在，他也嘗到了失敗的滋味，以後他就會聰明起來。」成吉思汗沒有懲罰失敗的將領，只是要求他們從失敗中吸取教訓，將功補過。

成吉思汗決定親自率領大軍去征討札蘭丁。當他率軍經過失吉忽禿忽和札蘭丁交戰的地方時，他詢問道：「你們和札蘭丁都在哪裡屯兵啊？」部下就一一指給他看。

成吉思汗一看臉色就變了，他嚴肅地說：「難道，你們沒人懂得如何選擇有利的地形來作戰嗎？」

成吉思汗批評了失吉忽禿忽等蒙古將領，隨後領軍圍攻欣都山，即今天的興都庫什山南的范延堡。

在這次戰鬥中，弓矢弩砲漫天飛射，察合台最喜歡的兒子木阿禿干中流矢而死。

成吉思汗悲痛萬分，他下令加緊圍攻。在攻陷城堡之後，成吉思汗命令軍隊不赦一人，不取一物，將此地毀為荒漠，並起名為「卯危八里」，波斯語的意思是「歹城」。這座被蒙古軍徹底毀滅的城堡，百年之後尚無

任何生命生存。

這時候，察合台、窩闊台已經把千年古都玉龍傑赤攻占，也率軍前來與大汗的軍隊會師。

察合台也來到了前線，成吉思汗命令任何人不許把木阿禿干的死訊告訴他，只說已遣木阿禿干去往他處了。

過了好幾天，一次，成吉思汗趁兒子們都在場的時候，他故意對察合台發怒說：「你為什麼不聽我的話！」

察合台馬上跪在地上，以手捫胸說：「如果我對您的話有什麼違背，那就讓我去死吧！」

成吉思汗追問他：「你真的可以照我的話去做嗎？」察合台堅決保證自己聽話。

這時，成吉思汗才說：「你的兒子木阿禿干已經戰死了，我命令你不許哭！」

察合台一聽如五雷轟頂，幾乎失去控制力，但他不敢違命，更不能違背剛說的話，就竭力克制痛苦，照常飲食。事後，察合台藉故獨自跑到了野外，暗地裡大哭了起來，發洩心中鬱結。待心中好受了些，才拭乾眼淚又回來。

成吉思汗的大軍繼續向札蘭丁屯駐的哥疾寧進軍。札蘭丁軍內部的派系眾多，在八魯灣之戰勝利後，他們搶了許多戰利品，在分配這些東西的時候，各派之間發生了很多矛盾。

為了爭奪一匹阿拉伯馬，阿明滅里和賽甫丁阿黑剌黑爭吵起來，阿明滅里用鞭子抽打賽甫丁阿黑剌黑的頭。可札蘭丁卻偏向阿明滅里，賽甫丁阿黑剌黑感到委屈，一怒之下，他在夜裡率部離去了。

札蘭丁人馬驟減，他早已知道自己不是成吉思汗的對手，便匆匆逃出

哥疾寧，退往申河，即今天的印度河，企圖過河逃奔印度。

　　成吉思汗得知札蘭丁逃跑的情況，迅速帶輕騎兵追趕。在申河岸邊，札蘭丁正在準備船隻，組織渡河，蒙古軍已經快速追上來了。

　　成吉思汗指揮蒙古大軍從四面八方連夜將札蘭丁圍在當中。這個包圍圈就像一把弓子的半圓形，申河像是那弓上的弦。等到太陽升起的時候，札蘭丁發現自己已處於水火圍困之中。

　　成吉思汗打算生擒札蘭丁，就下令不許向他射箭。札蘭丁背水死戰。右翼的阿明滅里在蒙古騎兵的衝擊下很快被擊敗。

　　札蘭丁的左翼軍也被很快殲滅了，最後只剩下札蘭丁率領的中軍幾百人在頑抗。他組織一次又一次反衝鋒軍隊向蒙古軍衝擊，從清晨一直衝到中午，但由於人數逐漸減少，他無論如何也無法突圍了。

　　蒙古騎兵步步進逼，札蘭丁活動的地盤越來越小。當他看到繼續頑抗已完全徒勞無益時，便退下來換上一匹新的戰馬，然後奮力向蒙古軍衝去，迫使他們後退。接著，他又突然掉轉馬頭，背負盾牌，手握大旗，從高高的懸崖躍入申河，游向對岸。

　　見此情景，成吉思汗吃驚地捂住自己的嘴不發出聲來，他指著漸漸遠去的札蘭丁的背影對兒子們說：「生兒當如斯人：他既能從這樣的戰場上死裡逃生，日後定能成就許多事業，惹起無數亂子。」

　　札蘭丁為了使他的妻妾子女免遭俘虜之辱，在他渡河之前把他們全部投入河中，隨同札蘭丁家屬一起沉入河底的還有無數金銀珠寶。

　　札蘭丁倚仗自己的快馬向白沙瓦方向狂逃。白沙瓦就是今天的巴基斯坦西北部與阿富汗交界處的地區和城名。

　　為了要徹底剷除對手，成吉思汗遣將渡過申河，深入印度，竭力搜尋札蘭丁的下落，但一直沒有找到，只好回師。

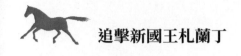 **追擊新國王札蘭丁**

　　在當時，札蘭丁確實在印度各地活動過，後來他離開印度前往波斯。在那裡，札蘭丁領導了一場轟轟烈烈的復國運動，一度頗有成效，但在1231 年，最終敗亡於蒙古軍的再次西征。

　　至此，成吉思汗西征花剌子模的大規模戰役，取得了最終的勝利。

接受先進文化

1220 年～ 1221 年，成吉思汗來到卡爾希河上游薩里－薩剌伊過冬。1221 年春，他率軍從巴里黑附近渡過阿姆河，著手最後征服阿富汗突厥斯坦的行動。

這座城市一直吸引著成吉思汗的注意。它地處一片荒涼的草原中心，是一片灌溉良好的綠洲。

以前，這裡發生過多次敵人入侵的事件，但巴里黑都抵抗住了，所靠的是周長 12 公里的高而厚的土築城牆。

哲別和速別額台當初首次來到這座城前時，曾只滿足於該城形式上的服從。現在，成吉思汗來了，城裡的居民便前來向他致意。

成吉思汗擔心這座城市會被敵人用來作為抵抗的中心，遂藉口檢查人口，將居民驅出城外。這個地區中所有敢於抵抗的要塞城市，都被他一個接一個地攻陷了。

在這段時間，成吉思汗派他的第四個兒子拖雷去征服或者最後征服呼羅珊地區。

上一年，哲別和速別額台經過這一地區時，該地區各要塞城鎮只在形式上表示屈服。現在，成吉思汗要求徹底征服呼羅珊。

呼羅珊是波斯語的「東方」。這是一個很長的草原地帶。大小河流使草原上星羅棋布的綠洲變得更加肥沃。這些河流灌溉了這些綠洲以後，隨後就流入並消失於那個大沙漠中了。

這個大沙漠正在侵蝕著伊朗高原的腹地，就像侵蝕其周圍其他地方一樣。這就是說，在這裡，要種植農作物，就必須堅持不懈地努力維護灌溉

系統，以保護公園、果園、葡萄園、小麥地、稻田、大麥地以及榆樹和楊樹防護林。

經過人們艱苦耐心的墾殖，這個地區已經變成了相當富庶的地區。在這種物質財富的基礎上，波斯文化大放光彩。

拖雷及其部隊的到來使這片富庶的綠洲地區呈現出一片悲慘情景：在精神文化被摧毀的同時，綠洲本身也被摧毀了，生氣勃勃的綠洲變成了死亡之地。

首先遭到摧毀的城市是阿什哈巴德附近的奈撒。奈撒也是一個極為富庶的綠洲，水源豐富草木豐茂，園林棋布。這個綠洲位於眾多溪流之源的闊帕特，即達黑山脈北麓，北臨突厥蠻斯坦的險惡的卡拉庫姆沙漠。

但是，奈撒城卻掩映在蔥鬱的樹蔭中，同北部的卡拉庫姆沙漠的荒涼景象形成鮮明的對照，簡直是奇蹟。

拖雷分兵一萬給成吉思汗的女婿脫忽察兒，讓脫忽察兒去攻取奈撒。

蒙古軍趁夜色控制了城牆，天一亮就沖進了該城。接著，脫忽察兒移軍進攻你沙不兒。你沙不兒是當時波斯最美麗的城市之一，是呼羅珊省的首府，正處於繁榮時期。

該市的北面有一條發源於比納魯山脈的桑加瓦爾河。據阿拉伯地理學家說，你沙不兒有 12 條引水渠，渠水引自桑加瓦爾河，不但確保了七十家磨坊的正常運轉，而且使大部分家庭得到了充足的用水，所有的林園也得到了很好的灌溉。

在幾個月以前，哲別路過此地時還只是「警告」這個城市的人，現在脫忽察兒則要攻占它。但是，在攻城的第三天，他被從城上飛來的一箭射死了。接替他指揮這支蒙古軍隊的將領知道自己沒有力量攻占這座城市，遂解圍而去，準備以後再來報仇。

他把這支部隊分為兩隊，他自己帶領一隊去攻薩布扎伐爾。3 天後，他攻下了薩布扎伐爾城，拖雷本人在第二年初才開始行動。他攻擊的矛頭首先指向位於木爾加布河下游的大綠洲馬魯。

馬魯這個綠洲城市工業發達，貿易興旺，以盛產棉花而知名，它出口棉花，也出口布匹。它還以蠶絲業聞名於世，它出口粗蠶絲，也出口絲織品。

城內紡織品區，銅器商區和陶器商區，是中東商人經過此地時必然光顧的街區。

拖雷率領人馬抵達馬魯城下。他的這支軍隊有 7 萬人，其中部分是從已被征服的各州中徵集而來的新兵。該城守軍曾兩次突圍，均以失敗而告結束。

1221 年 2 月 15 日守軍表示願意投降，摧毀馬魯以後，成吉思汗家族的年輕將領拖雷急於為 5 個月前被你沙不兒人射殺的姐夫脫忽察兒報仇，遂率領部隊向你沙不兒進發。從馬魯到你沙不兒只有 12 天的路程，拖雷很快就來到你沙不兒。

深知自己沒有任何被寬恕的希望的你沙不兒居民，遂加固城牆，準備拚死抵抗。

但蒙古軍隊在城周圍部署的攻城器械也很齊備：面對如此強大的攻勢，城內軍民很快就喪失了堅守的勇氣。

他們派了一個代表團來見拖雷，請求寬恕。但是，拖雷拒絕任何和解，下令立即攻城，晝夜攻擊不止。

一天早晨，城周圍的壕溝已經被填平，城牆被打開了無數個缺口，一萬蒙古軍已登上城牆。拖雷的部隊從四面八方湧入城內，所有的街道和房屋都成了廝殺的戰場。

1221 年農曆 4 月 10 日，你沙不兒全城被蒙古軍占領。

1222 年春，成吉思汗命窩闊台率軍前去懲罰哥疾寧，因為哥疾寧正在成為逃亡的札蘭丁東山再起和組織反撲的據點。

經過不花剌時，成吉思汗懷著一顆好奇心讓人向他粗略地介紹了伊斯蘭教。

成吉思汗當初並沒有打算向伊斯蘭教宣戰，甚至沒有覺得有向伊斯蘭教開戰的必要。

鐵木真和他的將士們只想懲罰花剌子模人，因為花剌子模人殺害了他的商隊和使臣，踐踏了貿易自由原則。

在戰爭中，成吉思汗又進一步懲罰花剌子模人，因為花剌子模人殺害了他的女婿，射殺了他心愛的孫子。

這時，鐵木真對伊斯蘭教發生了興趣。讓人給他講解《可蘭經》的原則，並表示贊成這些原則，因為伊斯蘭教信徒們信奉的真主同突厥 —— 蒙古人信奉的天並沒有什麼區別。

但是，成吉思汗譴責麥加朝聖的原則，因為他認為天是無處不在的。在撒馬爾罕，他命令今後應以他的名義祈禱，因為他已取代穆罕默德蘇丹，已同時是花剌子模的君主。

這樣，成吉思汗就使伊斯蘭教同蒙古人信奉的薩滿教和克烈亦惕人信奉的基督教處於了同等的地位。

成吉思汗對城市制度的原則，實際上並不十分理解，甚至在開始時根本不理解這種原則。

這時恰恰有兩位穆斯林自告奮勇地向成吉思汗傳授關於城市的知識。這兩個人都來自花剌子模玉龍傑赤，都是過定居生活的伊朗化了的學者、法律人才和行政管理人才，一位名叫馬哈木·牙剌瓦赤，另一位名叫麻速

忽‧牙剌瓦赤。

他倆向成吉思汗闡述了城市居民聚集區對一個遊牧征服者可能帶來的好處。

這種課程使成吉思汗十分感興趣，聽了這兩位穆斯林的講解以後，成吉思汗當即留用了他們兩人。

成吉思汗明智地委任這兩個人配合蒙古行政管理官員管理東西突厥斯坦的古老城市：不花剌、撒馬爾罕、喀什噶爾以及和田。

委任這兩名穆斯林學者管理城市，這是世界征服者成吉思汗一生中的一個重大抉擇，一大成功和一個重大轉折。

在這以前，成吉思汗還完全不懂得城市的作用和地位。現在，他開始適應由他的勝利對他產生的影響，開始向各文明古國學習。

成吉思汗成了這些文明古國的王位繼承人，而且勢必會成為使這些文明古國繼續發展的新的統治者。

成吉思汗接受新思想，是由於在成吉思汗身邊，有像耶律楚材等這樣較為開明的人士。耶律楚材是契丹人，他是一位崇佛宗儒的著名人物。是遼代東丹王突欲的八世孫，其父耶律履在金朝曾擔任禮部尚書、尚書右丞等官職。

耶律楚材自幼喪父，勤勉攻讀，成人後博誦經史、天文地理以及佛道、醫學、占卜之說。蒙古軍進圍中都，金宣宗南遷，他被任為中都尚書省左右司員外郎，在此期間他拜萬松老人為師，皈依佛教，自稱湛然居士。

1215 年中都陷落，耶律楚材和其他金朝官員投降了蒙古，成吉思汗有意蒐羅契丹貴族為自己服務，便特意召見他說：「遼與金是世仇，現在我已經為你報仇了。」

耶律道材聽了卻不以為然，回答說：「敝人的父祖向來都是金朝的臣子，哪能再懷二心，仇視金朝皇帝和自己的父祖呢？」成吉思汗非常欣賞他能忠於舊主，認為他是可以信賴的人，就把他留在自己身邊，隨侍左右。

耶律楚材希望從此能夠施展自己的抱負，以儒家的主張來治理國家，有一個西夏人常八斤善造良弓，很受成吉思汗的賞識，他瞧不起耶律楚材這樣的儒士，說：「國家正在以武力取天下，他卻宣揚文漢那一套，不是格格不入嗎？」

耶律楚材反對一味崇尚武力，更看不起常八斤這樣的匠人，便反唇相譏道：「製造弓箭尚且需要弓匠，治理天下難道可以不用治天下匠嗎？」成吉思汗聽到耶律楚材的話很高興，對他愈加信任。耶律楚材身高須長，聲音洪亮，成吉思汗親切地稱他為「吾圖撒合里」，蒙古語意為「長鬚人」，而不直呼其名。

然而當時憑藉良弓勁馬征服四方的蒙古貴族，還不能很快地接受高深的儒家說教，因此耶律楚材在成吉思汗身邊的作用。主要只是一個占卜者。

耶律楚材精通天文曆法，有一次主管天象的回回人預報說 5 月 15 日夜裡將發生月食，他認為不準確，到了那一天果然沒有月食。後來他預測 10 月將出現月食，而回族人認為不準確，到時果然出現了明顯的月食。

成吉思汗大感驚異，對耶律楚材說：「你對於天上的事情都沒有不知道的，何況是人間的事情呢？」所以每次出征，都一定要耶律楚材占卜，以知吉凶。耶律楚材有時也利用他這種特殊地位，對成吉思汗施以「止欲勿殺」的影響。

耶律楚材還為成吉思汗起草了邀請丘處機的第二份詔書，在丘處機抵達西域後，他們二人彼此誦詩酬唱，互相極力推重，雖然耶律楚材崇尚佛

教禮儒學，而丘處機是道士，他們在具體的主張上不免有所衝突，但在勸告蒙古貴族節慾止殺方面，他們的想法是一致的，後來在窩闊台汗時期，耶律楚材的治國抱負終於得到了較充分的實現。

　　耶律楚材主持國家政務時間很長，把得到的俸祿都分給他的親屬和族人，從來沒有徇私情讓他們做官。行省的長官劉敏向他提及此事，耶律楚材說：「和睦友善地對待親戚，只能用錢財幫助一下。假如讓他們去做官而違法，那我是不能徇私情的。」

請丘處機講道

中原道人丘處機也對成吉思汗產生了重要影響。

1229 年夏，成吉思汗的人馬駐紮在也兒的石河谷地度夏，等待秋季舉兵。一天，成吉思汗與耶律楚材在大帳閒談。

當成吉思汗問及人世間有無長生不老藥時，耶律楚材答道：「臣下沒聽說有使人長生不老的藥，但聽說中原山東登州有一位長春真人，他年輕時就已修真得道，深知人生長生不老的祕密。」

耶律楚材提到的這位長春真人，姓丘名處機，山東登州棲霞人，自號長春子。長春真人十九歲拜道教全真派開山祖師王重陽為師，苦心修煉，得成大道。

老師仙去後，他隱居秦隴，聚徒講道，拒絕金國和南宋的詔請，沒有出山入仕。暮年，回登州老家居住。

成吉思汗遂派劉仲祿去尋長春子的下落。

劉仲祿一行，不辱使命，一路探訪到了燕京，然後再到真定即今河北正定，探得長春真人在東萊，於是冒險而去見到真人。劉仲祿言詞懇切，敘說了成吉思汗的思慕之情，請他前去。

現在，這位道教哲學家長春真人已 72 歲了。1221 年農曆 3 月，丘處機離開北京郊區，沿大興安嶺西部山麓，從多倫到捕魚兒湖一線，進入今內蒙古大草原。這個大草原幾乎是一片沙漠，有時可見一些榆樹叢。

丘處機等人向北直行，來到捕魚兒湖稍東哈勒哈河河畔。4 月二十四日，長春真人及其隨行人員來到哈勒哈河附近成吉思汗的幼弟鐵木格的營地。這時，此地冰凍已開始消融，野草已微萌可見。

4 月 30 日,長春真人拜見鐵木格。鐵木格送給他一百匹牛馬,供他在前往阿富汗見成吉思汗的路上使用和支配。

從北京到阿富汗,這位中原道人竟然選擇了橫穿蒙古北部的艱苦難行的路線,繞了這麼大一個彎子,這似乎有點叫人不可理解。

穿過甘肅省唐兀惕地面,然後取道吐魯番和庫車的畏兀兒之地,走商隊常走過的塔里木盆地一線即古代絲綢之路,不是比繞道漠北更近更直接嗎?但這是行不通的。

因為,雖然畏兀惕人仍臣服於成吉思汗,已派部隊協助蒙古軍隊西征,但唐兀惕人此時卻與成吉思汗鬧翻了,拒絕派軍隊支持他西征,所以,長春真人此時只有繞道穿越蒙古才能抵達伊朗東部地區。

他溯成吉思汗的家鄉克魯倫河河谷而上,抵達昔日克烈亦惕部王罕的地盤。

長春真人一行順蒙古的聖山肯特山山樑的南部分支而行,進入土拉河上游及其支流哈魯哈河流域,接著進入上鄂爾渾河流域。

當時,鄂爾渾河流域是蒙古的中心地區。長春真人一行渡過上鄂爾渾河,接著又渡過博爾加泰河,沿查甘泊而行。過查甘泊後,7 月 19 日,他們來到斡兒朵。

7 月 29 日上午,長春真人及其隨行人員離開斡兒朵,轉而向西南向乃蠻地面前進。

8 月 14 日,他們從一個城市附近經過。這個城市位於扎布汗河南岸。成吉思汗的大臣鎮海在那裡領導開辦了一些糧店。那裡還有許多被押送到這片山區做工的中國工匠。

成吉思汗西征時曾把金王的兩個妃子留在此城。這兩個妃子是蒙古軍攻陷北京時俘來的。見到中原道人長春真人,此二妃流下了歡喜的眼淚。

鎮海奉旨對長春真人說，成吉思汗現在急欲真人早日去見他。為了催促長春真人快行，避免延誤時日，鎮海也起身與真人同往。他們此時正走在杭愛山和阿爾泰山之間的地形十分複雜的地區。

9 月初二，長春真人一行抵達阿爾泰山東北坡。要翻越阿爾泰山，只有一條狹窄的小路可走，這條小道乃是以前窩闊台經過此地時所開闢的，車輛難行。長春真人一行只好挽繩懸轅以上，縛輪以下，將車輛運過山。

他們三天越過了三條嶺。來到阿爾泰山南坡以後，他們進入烏倫古河上游支流之一布爾根河河谷，或者更準確地說是進入稍靠東的納倫河谷。

接著，他們穿過一片荒涼的沙丘地帶。在這片沙丘的南面，聳立著天山的分支，遠遠望去，有如一條銀白色的粗線橫於南天之際。

9 月底，長春真人等抵達畏兀兒境內的別失八里城。別失八里的畏兀兒王率領眾部族及眾僧等迎接來自中原的這位著名的道人。

別失八里市是畏兀兒境內的一個綠洲，渠道縱橫，布局巧妙，灌溉著這片綠洲。

長春真人跋涉千山萬水，穿過茫茫沙漠，終於來到了這片繁榮的綠洲。當此之時，對長春真人來說，來到這片綠洲簡直是來到了天堂。

在昌八剌，人們設宴招待長春真人，筵席上有香味撲鼻的葡萄酒，還有甜美的西瓜。

這是長春真人路過的最後一個其居民信奉佛教的城市，由此往西就是穆斯林世界了。

長春真人一行沿準噶爾盆地沙漠邊緣，抵達賽里木湖畔。

1221 年 10 月 14 日，長春真人一行來到位於優美的伊犁河河谷中間的阿力麻裡城。當地國王及蒙古派駐此城的長官率眾來迎。旅行隊伍即在此城休養歇息。

10 月下半月，長春真人一行又起程繼續西行。他們穿過垂河和塔刺斯河以及此二河的支流的發源地這一片肥沃的地區，接著又透過奇姆肯特地區和塔什干地區，抵達錫爾河河岸。冬月 22 日，他們渡過錫爾河，進入河中地區。

臘月初三，長春真人等來到撒馬爾罕城，徵得蒙古官員的同意，他們在這座城市過冬。

當時，成吉思汗正忙於蕩平阿富汗境內各城的叛亂，對於他來說，此時的軍事問題當然比哲學問題更緊迫。

次年 4 月中旬，他開始想到長春真人，於是派人傳真人。長春真人接旨，即刻動身。他越過鐵門，渡烏滸水，過巴里黑，於 5 月初五抵達成吉思汗的大營。

成吉思汗極為熱情地歡迎長春真人的到來，因為這位老人為了傳授給他至理名言，千里迢迢，受盡了辛苦。

使成吉思汗對長春真人的到來感到滿意的另一個原因是，長春真人在中原時曾拒絕了金王和南宋皇帝的詔書，既沒有應邀前往金廷，也沒有應詔前往杭州南宋皇宮。

成吉思汗對長春真人說：「他國徵聘皆不應，今特應朕之請，不遠萬里而來，朕甚嘉焉。」

他們二人交談的內容主要是屬於哲學領域的問題。成吉思汗雖然聰穎過人，但應當承認，對於這些哲學問題，他是懂不了多少的。而此時成吉思汗正在進行蕩平阿富汗和呼羅珊境內的抵抗運動的掃尾工作。

目睹此景，長春真人無能為力，只好奏請成吉思汗恩準他回到撒馬爾罕待駕。成吉思汗準其所請，並指示部下好好款待真人，不可怠慢。

長春真人回到撒馬爾罕，撒馬爾罕行政長官契丹人，名叫耶律阿海十

分周到地款待長春真人，給他送來了甜美的西瓜。在撒馬爾罕，長春真人，這位似乎是當時具有最奇怪的思想的中原道人，同該地區的穆斯林學者關係十分密切。

1222 年 9 月，成吉思汗結束了蕩平阿富汗境內叛亂活動事宜，又遣人請長春真人前去見他。

9 月 28 日，長春真人來到設在巴里黑以南興都庫什山麓的御營。

他生性不受拘束，見到成吉思汗時，強調說，在中原，道教首領擁有不向君主跪拜的特權，他們見到皇帝時只「折身叉手」而已。

成吉思汗欣然容許了這位哲學家的這種不受拘束的性格。成吉思汗彬彬有禮地請他喝蒙古人最喜歡喝的馬奶酒。但是，出於宗教原因，長春真人拒絕了。

後來，成吉思汗請長春真人每天同他一起進晚餐，結果又一次遭到長春真人的拒絕。

長春真人以哲學家的口氣說，對於像他這樣的一個道人來說，他更喜歡靜處，不喜歡軍營裡的喧鬧。成吉思汗再次明智地表示，真人言之有理，可以自便。

1222 年秋，成吉思汗大營開始北迴，長春真人也隨駕而行。行軍途中，成吉思汗數次命人給真人送去葡萄酒和西瓜以及其他甜食。

10 月 21 日，來到阿姆河與撒馬爾罕城之間時，成吉思汗命人設立幄齋莊，以請真人講道。講道時，汗鎮海在座，太師耶律阿海擔任翻譯，聽完後成吉思汗很受啟發。

10 月 25 日夜，長春真人繼續講道。他的講道給成吉思汗留下了極深刻的印象。成吉思汗命手下的人將真人的話用中文和畏兀兒文記載下來。

長春真人在講道時向成吉思汗介紹和解釋了老子、列子和莊子的一些格言。

長春真人當時一再向成吉思汗提到了《老子》一書中那段祈禱推動萬物的無名力量的著名文字：「大方無隅，大器晚成，大音希聲，大象無形。」

　　長春真人還向他的這位皇帝信徒傳授了《列子》一書中提倡禁慾主義的一段內容及莊周夢蝶的故事。

　　最後，長春真人向成吉思汗傳授了莊子關於天上大鵬的寓言。在這段時間裡，成吉思汗一直處在一種祕傳教義的氣氛中。

　　冬月初十，長春真人來到成吉思汗大帳，對成吉思汗說：「山野學道有年矣，常樂靜處行坐，御帳前軍馬雜逐，精神不爽。故特奏請陛下，準我歸山。」成吉思汗又一次高興地答應了他的要求。

　　長春真人準備返回中原。他把自己所有的東西都散給了撒馬爾罕城的窮人。但當時，天已開始下雨和下雪，他由此想到，在這個季節裡翻越天山是相當困難的。成吉思汗便利用這一點友好地請他推遲行期。

　　於是，長春真人和成吉思汗一起在河中地區過冬，這既是由於惡劣天氣之阻，也是由於不想使對他表現得如此友好的成吉思汗掃興。

　　3 月 10 日，成吉思汗在塔什干山上狩獵。當他正在追擊一隻受傷的大熊時，不小心從馬上跌了下來。狂暴的大熊就在他對面，成吉思汗一度處於十分危險的地位。

　　長春真人事後向成吉思汗進諫，指出像他這樣的年紀不宜經常行獵。長春真人是根據道家理論說明這一點的。他說：「此次墜馬，乃天戒也。」

　　1223 年 4 月初八，長春真人決定告別成吉思汗返回中原。作為分別時贈送給對方的禮物，成吉思汗賜聖旨一道，並在聖旨上蓋了御印，指示免除所有道教頭面人物的全部賦稅，並派了一名將領送長春真人返回。

　　長春真人西行，向成吉思汗宣傳了「敬天愛民」「好生惡殺」「清心寡慾」等道教主張，對成吉思汗等人造成了一定的警醒作用。

　　成吉思汗接受了這些主張，他曾對諸子及大臣們說：「漢人尊敬神仙，好比我們尊敬長生天，我相信他是一位真正的天人，凡是他說的話，我們都不要忘懷。」他在臨死前不久，向全國下了一道詔令：在戰爭中不再殺掠。

實施進攻歐洲策略

成吉思汗遠征的目標已發生了變化，現在是要向西挺進，為今後蒙古軍隊的大規模遠征做偵察性遠襲。於是，成吉思汗派遣哲別和速別額台兩人執行這一任務。

一路上，對於願意屈服投降的城市，哲別和速別額台只要求有關城市交付一定數額的贖金。對於敢於抵抗的城市，他兩人便揮軍攻擊，大肆洗劫。

哲別和速別額台占了敢於抵抗的波斯境內的大城市可疾雲。他們又從可疾雲出發，穿過構成波斯西北部大部分地區的草原，進入阿塞拜疆省。

阿塞拜疆省的長官斡思別住在帖必力思，不想以兵相拒，遂向蒙古軍隊送去白銀、衣服和戰馬，以求平安。

1220 年～1221 年冬哲別和速別額台於是退出阿塞拜疆，前往裏海之濱、阿拉斯河和庫拉河之入海口附近過冬。他們在木乾草原上休養軍馬。

木乾草原地區氣候十分溫和，剛到農曆 1 月分，地面上就萌發了新草。但哲別和速別額台也沒有在那裡久住。

1221 年 1 月～2 月，哲別和速別額台即離開這片草原，溯庫拉河谷而上，進入谷兒只。

谷兒只是一個信奉基督教的王國，其國力正處於鼎盛時期，首都是第比利斯。

第比利斯位處山區，蒙古軍要想攻占第比利斯的話，必須打通山區十分艱險的道路，因困難太大，只好作罷。

　　速別額台將軍平時素以足智多謀聞名，他分析形勢，與哲別商量，移師東進，去占領谷兒只鄰國設裡汪的首都舍馬哈，然後向高加索以北進軍。哲別言聽計從，領兵一舉攻占了舍馬哈城。

　　要向高加索以北進軍，必須透過打耳班城堡。該堡位於高加索山和裏海之間的隘口上，是南高加索和羅斯之間的咽喉要道，只有一條臨海的單人馬道通行，這一下難倒了勇猛善戰的哲別將軍。

　　在大帳裡，哲別正襟危坐，滿臉怒氣。他前面跪著一位俘虜來的設裡汪軍小頭領。

　　哲別威嚴地說：「你說，大軍怎樣才能通過打耳班城堡？如有隱瞞，絕不輕饒！」

　　「威嚴的將軍，小人不敢撒謊，大軍無法通過，只能單人單騎而行。」

　　「撒謊！如不實說，定斬無疑！」

　　小頭領既不敢說有其他道路，又不敢說大軍可以通過，只得磕頭如搗蒜，請求饒命。哲別一擺手，要軍士推出斬首。

　　此時，坐在一旁的速別額台將軍說道：「且慢！」他走過來，讓正要命令執行的士兵立刻停手。

　　速別額台吩咐：「扶他起來，讓他坐下！」

　　哲別正滿臉怒氣，聽速別額台一說，滿心疑惑，不知這位將軍葫蘆裡賣的什麼藥。

　　設裡汪軍小頭領戰戰兢兢站起來，不知如何是好。

　　速別額台說：「請坐！請坐！你不要害怕，只要你說實話，我們不但不殺你，還要獎賞你！」

　　「報告將軍，我不敢說一句假話。」

「那麼，真的沒有其他路可走了？」

「是的，只有這麼一條小路。」

速別額台素來以智謀見長，見小頭目不像撒謊，態度更加溫和，說道：「看起來，你是個忠實的人，我們不為難你，坐下，給我們說說道路的情況。」速別額台的話，既溫和又威嚴。

小頭目帶著哀求的苦相說：「將軍，我的確不敢撒謊，我有幾條命敢在您面前撒謊呢？這條路，平時一般人都是不能通行的。打耳班城堡歸屬設裡汪官員管轄，只有他們批准，拿上金牌或有首府官員親自送行才能通行。」

「好，你說得很好。」速別額台適時鼓勵他。

「將軍，我平生只走過這條路兩次，一次送一位官員去打耳班城堡，一次為堡上送貨物。這條路艱險異常，一側是高山峻嶺，另一側面臨大海，稍不留意，就會跌落萬丈深淵，大軍是無法透過的。要透過，必須劈山開路。」

速別額台聽了，眼睛一亮，他望了一眼哲別，問道：「什麼？劈山開路？這條路能開嗎？」

小頭目認真地說：「只要有火藥，山石不算太堅硬，開出兩馬通行的路是可能的。」

哲別將軍緊皺的眉頭開了，他說道：「好！辦法有了。」

速別額台笑了。「好，你說得很好！現在你下去，靜候聽用，不要想逃跑，將來立功有獎。」

蒙古軍隊火藥充足，能工巧匠不乏其人。哲別立刻命令炸山開路，同時脅迫設裡汪國王的 9 名貴族做嚮導。

蒙古軍 3 萬人馬歷盡艱險，不畏勞苦，開山辟路，扔掉所有輜重和攻

城器械，終於在 9 名貴族的帶領下，輕裝透過此堡，創造了人類歷史上第一次大批軍馬通過高加索山脈的奇蹟。

1222 年，哲別、速別額台率軍進入帖雷克河流域。

這一帶居住著阿蘭人和欽察人，蒙古軍的到來，遭到了阿蘭人和欽察人聯軍的抵抗。

哲別為了削弱對方的實力，以金錢財物收買欽察人，並使他們相信，作為突厥人的後代，他們與蒙古人「出自同一個氏族」，而不應成為敵人。

哲別的話使欽察人離阿蘭人而去。結果被蒙古軍各個擊破，欽察人逃往羅斯公國，蒙古軍占領了北高加索一帶地區。

此後，哲別、速別額台引軍由欽察草原向克里米亞進軍，占領了裏海港口蘇達克。

蘇達克港是義大利熱那亞城邦國所建，與西歐諸國有著頻繁的貿易往來。蘇達克的失陷，引起了全歐洲的震動。

欽察人被蒙古軍打敗後，逃到羅斯，向加里奇大公求援，並說如其不救，蒙古軍的鐵蹄將踐踏羅斯國土。

當時的羅斯，國土很小，東到伏爾加河的支流斡迦河，西接欽察人統治的可薩地區，境內又分幾個公國。他們分國而治，共同推一位大公為君主，大公住在乞瓦公國的基輔。

為了抵禦蒙古軍的入侵，加里奇大公出面邀請基輔大公，在基輔召開南俄諸公國會議，決定聯合起來共同抵抗蒙古軍。

1223 年，羅斯各公國向第聶伯河下游集結軍隊，與欽察人組十萬聯軍。

哲別、速別額台得知消息，認為敵眾我寡，要想以 3 萬人的部隊戰勝十萬大軍，必須分化、瓦解敵人，各個擊破。為了取得勝利，要採取示弱

驕敵的作戰方針。

於是，他們派出能說會道、足智多謀的 10 名大臣，到基輔去會見各位大公，勸說他們不要支持欽察人。

大公們不聽勸阻，殺死了 10 名使臣，並命令聯軍渡過第聶伯河東進，在行軍途中殲滅了 1,000 多名蒙古先鋒部隊。

哲別、速別額台認為，10 萬聯軍對 3 萬蒙古軍，眾寡懸殊，聯軍以逸待勞，因此不能輕易與敵接觸，須誘敵深入，尋機決戰，決戰地點要能發揮蒙古騎兵特長。只有這樣，才能造成聯軍補給困難，並等待術赤援軍的到來。

於是，他們一面派快騎到裏海之東，請求術赤派軍援助，一面以一部分兵力與敵人保持接觸，掩護主力退到頓河以東地區集結。

聯軍消滅了 1,000 多名蒙古先鋒部隊後，蒙古軍連連東退，羅斯聯軍誤以為蒙古軍不敢迎戰。於是，加里奇大公不等弗拉吉米爾大公的部隊到來，跟蹤追擊蒙古軍，於 1223 年冬到達亞速海北迦勒迦河，與蒙古軍隔河對峙。

這時，術赤的援軍也已趕到。哲別、速別額台見時機已到，引軍到達裏海北岸的阿斯塔拉干，分兵兩路，一路沿亞速海東南到黑海，迂迴北上，一路衝過了已結冰的頓河，並迅速列陣以待，形成了鉗形陣勢。

加里奇大公在第聶伯河取得小勝，認為以絕對優勢兵力，不難擊敗蒙古軍。他不願別人分享戰功，不相約其他公爵，率聯軍 8 萬乘勝追擊到迦勒迦河。幾晝夜的追擊，聯軍疲憊不堪。

哲別派出少量騎兵佯攻，攻不久即退。

加里奇大公邀功心切，乘勝追擊。只有一位老將米斯提斯拉夫將軍提出探聽虛實，而後再打。但他的明智主張，遭到加里奇大公的堅決反對。

哲別抓住時機，下令切斷聯軍後路，進攻欽察人，造成聯軍右翼空虛。欽察人戰敗，潰退時把羅斯軍衝得七零八落。

羅斯軍腹背受敵，激戰3日，全軍覆沒。加里奇大公逃跑，渡河後將迦勒迦河上的舟船全部燒燬，使羅斯軍無法渡河，幾乎被蒙古軍全部殲滅，生還者僅十分之一。

在這次戰鬥中，羅斯方面有六個公國的公爵和70多個貴族陣亡，損兵7萬多人。

蒙古軍並沒有就此罷手，派一部兵馬跟蹤追擊，最後迫使加里奇大公屈膝投降，俯首稱臣。

人們原以為，哲別和速別額台在取得了這一輝煌勝利以後，必然會揮軍向基輔公國和契爾尼戈夫公國進攻。

但是，他倆並沒有這樣做。他們已教訓了這幾個公國，對此他們已感到滿足了。隨後，他們只在羅斯與庫梅克交界處摧毀了一些城市。

哲別和速別額台的蒙古軍隊又進入克里米亞地區。該地區由於熱那亞人和威尼斯人的經商活動而呈現出一派富裕繁榮的景象。這裡最大的港口是蘇格德亞。

熱那亞人來到這裡購買灰鼠皮和黑狐皮之類的北方皮貨以及奴隸，然後到埃及轉賣。

蒙古軍洗劫了克里米亞，這是他們當時對「拉丁世界」採取的唯一敵對行動。

1222年底，哲別和速別額台轉向東北面，攻擊「卡馬河流域的不里阿耳人」。

這個民族屬突厥種族，信奉伊斯蘭教，居住在今喀山森林地區。他們向波斯和花剌子模出口皮貨、蜂蠟和蜂蜜之類的北方產品，生活富足。他們拿起武器抵抗蒙古人的入侵，最後被蒙古人誘入埋伏圈，死亡甚眾。

此後，哲別和速別額台開始想到回師亞洲，於是渡過下伏爾加河和烏拉爾河，征服了烏拉爾河以東的康里人。

隨後，哲別和速別額台率領軍隊渡過位於塔爾巴哈台的葉密立河，回到蒙古。先期回國的成吉思汗組織大軍，熱烈歡迎他們凱旋。

在這次偵察性的遠征中，哲別和速別額台二將長驅直進，驅馳八千多公里，擊敗波斯人、高加索人、突厥人和羅斯人。他們帶回了關於所過地區皆軟弱不堪一擊的寶貴情報。20 年後，成吉思汗的兒子又命速別額台前往征服歐洲，屆時他必定還會記得當初遠征所了解到的一切情況。

1223 年，成吉思汗在八魯灣避暑，各路大軍紛紛前來報捷。哲別、速別額台在迫殺花剌子模蘇丹摩訶末後，輾轉攻取阿塞拜疆、谷兒只，越太和嶺，深入克里米亞，經裏海北東歸。

拖雷勝利進軍呼羅珊，迫降也里；術赤、察合台、窩闊台等已平定阿姆河以北諸地。此後，蒙古在西域設達魯花赤，監治其地。

成吉思汗這次西征，戰勝了兵力數倍於己的花剌子模帝國，征服了遼闊的中亞、波斯及東歐部分地區，並戰勝了羅斯聯軍，大顯了蒙古軍的神威，為建立橫跨歐亞的蒙古大帝國奠定了基礎。

西征的勝利，也遠遠超過了預期目的，於是全軍得勝回國便是順理成章之事。

1224 年，成吉思汗在班師東歸的路上，在也兒的石河畔奇遇兩個童子。一個名叫忽必烈，時年 11 歲，一個名叫旭烈兀，時年 9 歲。他倆是親兄弟，是拖雷的第四、第六子，這兩個小孩兒都是成吉思汗的孫子。

忽必烈和旭烈兀在其祖父出征西域時都還是幼兒。

成吉思汗在萬里征程的凱旋路上，見到自己的兩個愛孫，真是悲喜交加，熱淚橫流。

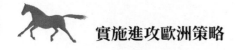

　　成吉思汗喜的是兩個愛孫長得如此聰明、英武，前途無量；悲的是在西征中，另一個愛孫、察合台之子木阿禿干，在跟隨自己圍攻巴安山堡作戰時中箭身亡。

　　成吉思汗按照蒙古習俗，當場給兩個愛孫用其獵物鮮血塗了手指。忽必烈和旭烈兀兩兄弟，一生都在銘記祖父對他們的教誨。

　　1225 年春，成吉思汗結束了歷時 7 年的西征，回到了他在斡難河源頭的大汗汗廷。

制訂穩定中原計畫

現在，蒙古帝國的統治範圍已擴大到從撒馬爾罕至今北京的廣大地區。

創業初期歷盡磨難的成吉思汗，現在這時候完全可以對他的宏偉事業高枕無憂了，並且可以考慮休息休息度過一段相對放鬆的日子了。

一天，成吉思汗面對綠草新生的草地，一種奇怪的憂鬱突然罩上了他的心頭，心裡有一種需要平靜生活的無法解釋的慾望。成吉思汗面對這片草地說：「此地風景甚美，真乃樂業百姓盛會之處，鹿奔跑之地，老者休息之所啊！」

實際上，成吉思汗的休息和放鬆的方式首先是打獵、競技，當然還有豪飲。

南宋杭州宮廷曾經派了一名外交官到木華黎處。一天，木華黎派人把這位南宋外交官找來，問他說：「今日我們曾玩球戲，你何以不來參加？」

「未曾被邀，」外交官回答說，「所以不敢擅自與會。」

「自你來帝國，」木華黎坦率而樸實地說，「我即視你為親信。今後有宴會、競技或圍獵事，望你即來參與，不必待邀。」

木華黎同這位南宋外交官建立了真正的友誼。在南宋對金國的戰爭期間，這位南宋外交官表現出了傑出的外交才能。他最後離開木華黎返回南宋時，木華黎命令部下要對他特別尊重。

上述那位外交官當初拜會木華黎時，木華黎首先向他一一介紹了家裡的人。然後他被請坐在木華黎的妻妾身邊飲酒。

在這類宴會上，人們最大的樂趣當然是飲酒。

但成吉思汗曾經說過，合乎禮儀的飲酒應該是每月只醉 3 次，最好是每月只醉兩次或一次，甚至一次也不醉。但天下哪裡有如此自制能力的人？

成吉思汗的內心深處善良淳樸，必要的時候，成吉思汗還表現出出人意料的高尚和謙恭。成吉思汗的前附庸之一、契丹首領耶律留哥曾在蒙古的幫助下在遼東建立了一個小公國。

耶律留哥於 1220 年去世，當時成吉思汗還在河中戰場上激戰。其遺孀徵得蒙古親王、成吉思汗之弟帖木格斡惕赤斤的同意，親自攝政。

成吉思汗遠征結束回到蒙古後，這位耶律留哥的遺孀攜其子前往蒙古拜見成吉思汗。她見到成吉思汗時，按禮節他們給成吉思汗行了下跪禮。

成吉思汗盛情接待她，並親自為她把盞。她奏請成吉思汗允許由已故耶律留哥之子主持遼東王國。耶律留哥之長子曾陪同成吉思汗遠征花剌子模。

成吉思汗對這位年輕懂事的王子很滿意，便同意了那位女攝政王的請求。至於年輕的契丹王子，成吉思汗也慷慨地獎賞了他的忠勇行動。

對汪古惕部的繼承人，成吉思汗也採取了同樣的態度。

自從成吉思汗離開中原以後，蒙古與金國的戰爭一直沒有停止，大將木華黎一直在那裡頑強地進行著征服工作。

現在，成吉思汗已使他居於首要地位。為了使木華黎這員大將擁有對中原百姓發號施令的權威，成吉思汗曾封他為國王。

但儘管如此，扮演主子角色的木華黎卻善於聽取意見，絕不對好的建議無動於衷。

一天，一位已歸降蒙古的名叫史天倪的原金國將領大膽地向他指出，

蒙古軍隊在被占領的地區行為太野蠻。

史天倪真誠地對木華黎說，為了使蒙古的征服取得成功，要安撫已經表示臣服的人們，爭取尚未臣服的人們的信任，這是非常重要的。

對於這番直言，木華黎不但沒有發怒，而且說史天倪言之有理，並立即命令部隊停止劫掠，釋放俘虜。

在這方面，木華黎對軍隊制定了嚴格的紀律，這大大促進了他的征服行動。

木華黎還改變了蒙古征服戰爭的特點。在此之前，這種戰爭一直是騎兵襲擊，然後即離去。切實占領所攻陷的城池，木華黎很快就開始重視這一點。

木華黎越來越多地重視起用已歸順蒙古的中原人、契丹人，甚至女真人。

這些人為木華黎提供了蒙古人最缺乏的東西：步兵和攻城器械。

金國的幾個投降蒙古的將領在這方面給了木華黎以很大的幫助。這些降將還說服其他的金國將領歸降蒙古。

過去，為了保衛北京附近的地區，金國軍隊曾堅持戰鬥了 5 年多時間。

現在，金國軍隊雖已退到了河南，但他們憑著黃河天險，抵抗得更加頑強了。

在七年中，木華黎雖然逐步把金軍逼到了河南省，但卻付出了艱苦的努力。

因為，在此期間，一些州府雖被蒙古軍攻陷，但不久又被金軍收復，於是蒙古軍又必須重新攻陷，經過如此多次攻陷，最後才把金軍逼到了黃河以南。

1217 年，在今河北省南部，木華黎首次攻陷華北大平原前哨重鎮大名府，但未能守住，不得已又於 1220 年再次攻占該城。

1218 年，木華黎再次攻陷山西各大城市，如太原和平陽。

1220 年，他又攻陷山東首府。

1222 年，陝西省首府長安落入木華黎手中。

1223 年，木華黎攻取了位於山西西南、黃河拐彎處之重鎮蒲州。

不久，木華黎辛勞成疾，不久就去世了。

開封的金國宮廷雖然也在做著絕望的抵抗，但它並未因此而不想求和。

早在 1220 年，金王就向成吉思汗派去了一名使臣，企圖爭取成吉思汗做出讓步。

當時，成吉思汗正在阿富汗戰場上。

1221 年秋，金國使臣取道伊犁河谷，來到成吉思汗大營。

聽了這位使臣代表金王提出的和平要求後，成吉思汗回答說：「早先，朕已告知你主，令其在黃河以南稱王，將黃河以北讓予朕。此乃當時朕同意停止敵對之條件。而今木華黎已征服朕所需之地，你方不得已而求和。」

金使苦苦哀求，請成吉思汗憐憫金王。

成吉思汗說：「念你遠道來此，朕寬恕你本人之過。朕意已決：今黃河以北已悉為朕所有，然而你主尚據有潼關數鎮，可傳語你主，交出上述數鎮，方可言和！」

金使無奈，只好將成吉思汗提出的講和條件如實稟報金王。開封宮廷不敢接受這一條件，因為，潼關附近各要塞是河南西面的唯一防線。對於金王來說，交出這些要塞，就等於交出了自家大門的鑰匙。

但是，金王並沒有死心，一直至 1227 年，他不斷派遣使臣到成吉思

汗處，表示保證稱臣，想以此軟化這位頑強的征服者。

成吉思汗曾多次征討西夏，迫使西夏王於 1209 年向他稱臣。這種關係要求，一旦發生戰爭，附庸必須向君主提供軍隊。

1219 年，成吉思汗準備西征花剌子模帝國蘇丹時，遣使通知唐兀惕王派軍隊協助西征。

成吉思汗遣使致語唐兀惕王說：「你曾答應為朕之右手。今朕與花剌子模關係已破裂，朕將征討之。你應為朕之右手而行！」

但是，當時的唐兀惕王似乎已受到一位強有力的大臣的控制。這位大臣名叫阿沙敢不，他十分憎惡蒙古人。

聽了蒙古使節所傳達的成吉思汗的話後，不等其主子開口，阿沙敢不就對成吉思汗的要求做出最傲慢的回答。

他說：「成吉思汗既無足夠之力量從事其欲行之征戰，何以稱汗？」

西夏拒絕出兵，這深深地刺傷了成吉思汗的自尊心。對於這種傲慢行為，成吉思汗沒有加以原諒。

但是，當時，西征花剌子模的計畫已經確定，一切準備工作已經就緒，如果在這個時候立即發動懲罰唐兀惕人的戰爭，勢必會打亂既定之部署。因此，唐兀惕問題只好留待以後解決。

從 1225 年的冬天到 1226 年的夏天，成吉思汗都駐營在土兀剌河畔的龍廷裡，這個地方在從前就是他的君主王罕的營帳。

成吉思汗是一個依照自己意志組織絕對服從自己意志的廣大帝國的元首，他也是一個世界聞名百戰百勝的忠順強大軍隊的統帥。

成吉思汗的左右都是為著建設帝國而奔走多年的信實幕友。他們既不是卑鄙的家僕，也不是阿諛的朝臣，卻是由成吉思汗分配工作給他們的那些可靠而有效率的執行者。因此，成吉思汗此時已經達到了光輝的最高峰。

向西夏做最後征討

　　1225 年的秋天，成吉思汗親率大軍向西夏做最後的征討。

　　因為成吉思汗當初出兵西征時，曾經向西夏國王徵召軍隊，西夏國對他卻置之不理，沒有派出軍隊參戰。在黃色金頂大帳裡，有人提起過去西征的時候，西夏不肯出兵的舊帳。成吉思汗一聽，果然不高興起來：「西夏真是太可惡了！他們竟敢刮我的鬍子。那好，你瞧不起我，不肯一起去西征，等我休好了，就打到西夏去，看你有什麼本領，再來刮我的鬍子！」

　　成吉思汗後來又令西夏國王讓他兒子到蒙古當人質，西夏國王又不加理睬。成吉思汗又聽說王罕部落的殘餘民眾，也有大多逃入西夏國隱藏了起來，心中更加憤怒，決定親自率領大軍征討西夏。

　　西夏在十幾年前就已經屈服於蒙古，但在後來，主戰派漸占上風，繼神宗之後，即位的獻宗李德旺和金朝結盟，相約共同抗蒙。

　　在成吉思汗把主要力量放在西征花剌子模和南下伐金期間，西夏國為了保持自己的獨立，艱苦支撐，所以才得以苟延殘喘。

　　在欲亡金朝必先滅亡西夏的既定策略下，成吉思汗軍隊過完了冬天以後，等到元宵節剛過，成吉思汗立即下令率軍出征，重新召集和編制軍馬，全軍浩浩蕩蕩，陸續向前方進軍。

　　成吉思汗留下次子察合台鎮守草原，這時成吉思汗的長子術赤已死，於是他帶著三子窩闊台、幼子拖雷進軍西夏。

　　也速皇后也穿上了軍裝，身披鐵甲，腳蹬皮靴，騎著黑色的高頭大馬，坐著精製的馬鞍，跟隨在軍隊的後面，緩緩地隨著大軍前進，真是既

威風又美麗。

　　成吉思汗騎著一匹紅黑相間的駿馬，身軀高大，馬兒膘肥體壯，真是威風凜凜，在將士們的簇擁中，緩緩地前進。到了城市的郊外後，成吉思汗命令將士就在當地設立圍場，又一次親自率領將士進行圍獵。

　　突然，有一隻野豬猛衝了過來，直接奔跑到戰馬前面。只見成吉思汗不慌不忙，憑著平生爛熟的弓箭射擊技巧，拉開弓，搭上箭，一箭射出去，野豬當場斃命。

　　成吉思汗心中正在得意的時候，他突然發覺馬的腦袋高高昂起，馬的四條腿在地上亂踢亂蹬。成吉思汗一時駕馭不住，駿馬竟然把他從馬背上摔了下來。真是一個不祥之兆。

　　見此情景，部將們急忙過來救護，從地上扶起大汗，重新更換一匹馬讓成吉思汗騎坐。這時，成吉思汗還感到有些頭昏眼花，神志也不夠清醒，他隨即命令大軍停止打獵，安營紮寨，就地休整。駿馬是因為被龐大的野豬驚嚇所致，因此跳躍起來，成吉思汗在一瞬間無法控制。

　　成吉思汗戎馬一生，南征北戰，在馬背上度過了大半生，沒有人知道他駕馭過多少駿馬。但是這匹摔他下地的紅鬃馬，偏偏被兇猛的野豬驚嚇把他摔傷，這也許是上天不讓成吉思汗長壽的預兆。從此以後，成吉思汗的晚年身體一直欠佳，後來就生起寒熱病來。

　　這時，有部下勸阻他說：「西夏人築城而居，能跑到哪裡去？莫如先回去，等養好傷再來。」

　　成吉思汗堅絕不同意撤軍，說：「這樣做，西夏人必然以為我們畏懼。且在這裡休養，先派人去西夏，看他回什麼話。」

　　第二天一早，也速皇后對各位將領說道：「昨天大汗被摔傷生病了，南下的事不如暫時停下來，現在請大家商議一下吧，怎樣辦才好呢？」

各位將領紛紛出謀劃策，商議了一陣，最後自然依從了也速的意見，進入中軍大帳，向成吉思汗奏知。

成吉思汗還是堅持說：「如果西夏國聽說我在出征途中率軍回去，必須會誤認為我是懼怕他們，我現在就在這裡養病，先派遣使臣到西夏國，責問他不主動送兒子來當人質，擅自收容敵國逃難的人，看他如何回答，然後再作決定是否班師回去。」

派遣的使臣到西夏國對西夏國王說：「你過去曾和我國談判後決定，情願歸降蒙古，我國的軍隊出征西域的時候，你卻不派出軍隊參戰。近來你又不派兒子去蒙古作人質，還擅自接納王罕部叛逃的人，你可知道你所犯下的罪行嗎？」

這時，西夏國的國王李純枯已經死了，他家族中的子弟遵項繼承王位，遵項又傳位給他的兒子德旺。德旺本來是一個庸俗無能的人，聽到蒙古使臣的責問，驚駭得顫慄起來，連話也說不出來了。

這時，從旁邊走出了一個人回答說：「西夏國過去所做的事，都是我主張的！如果你們想和我國廝殺的話，你們就率軍到賀蘭山來對壘作戰吧！如果你們想要索取金銀緞匹，你們就派人到西涼來取吧，除此之外，什麼話都不必多說了，你趕快走罷，我們西夏國並不懼怕你們！」說這話的人是阿沙敢不。

蒙古使臣回去後，就把在這裡遇到的情況報告了成吉思汗。

成吉思汗聽了，勃然大怒，立即從床上站起來。他對部下說：「你們看，他們說出這樣的大話，我們怎麼可以回兵呢？」說完就大喊著命令大軍緊急集合，立即向西夏國進軍。

他左右的將士都來勸阻，成吉思汗憤怒地對他們說：「西夏國王既然不知天高地厚，說了這樣的大話，我們怎麼能立即回去？我就是死了，

我的魂靈也要去責問他，何況我現在還未死呢！」

成吉思汗帶病上馬，率領大軍直接奔向賀蘭山，去尋找西夏國決戰。賀蘭山在河套地區的附近，在寧夏首府西面 30 公里的地方，西夏人把那裡作為牢固的防線，那裡的樹木都是青白色的，遠遠望去，好像是無數的駿馬，北方人稱呼駿馬為賀蘭，所以就把那裡取名為賀蘭山。

蒙古大軍來到賀蘭山前的時候，看見西夏的軍隊早已在山下駐紮下來了，詢問他們的帶兵的頭領，回答說統兵的將領，就是上次說大話的阿沙敢不。

阿沙敢不看見蒙古大軍開來，立即率領軍隊下山，迎戰敵軍。誰知道蒙古軍士，巋然不動，只是用強弓硬駑射擊敵人，壓住陣腳。西夏國軍隊看見沒有絲毫的縫隙可以尋找，無法衝進蒙古軍營，就只得撤退回去。過了好一陣，西夏國軍隊又前來衝殺，蒙古軍隊仍然使用原來的辦法，西夏軍隊的衝鋒依然沒有取得效果。

直到西夏軍隊發起第 3 次衝鋒的時候，才聽見喇叭一響，軍營的大門全部打開，蒙古大軍的千軍萬馬，就像憤怒的潮水一樣，排山倒海般地傾瀉出來，來勢兇猛，銳不可當。

那邊西夏軍隊的氣焰已經衰竭，這邊蒙古大軍的氣勢正在旺盛，任隨他阿沙敢不如何口出狂言，如何膽大妄為，在此時也堵不勝堵，攔不勝攔。無可奈何，阿沙敢不只得率領士兵重新逃上山寨，躲避起來。

蒙古軍哪裡肯就此善罷甘休，全軍將士奮勇地衝上山去，一齊殺入敵人營寨中，把阿沙敢不部下的將士殺死了一大半。阿沙敢不只得率領殘兵敗將，落荒而逃。

正如古代兵法上所說的，敵軍衰竭我軍旺盛，每戰必勝，由此可見，成吉思汗真是善於用兵，是一位了不得的軍事家。

向西夏做最後征討

　　成吉思汗占據了賀蘭山後，立即又攻陷了黑水等城鎮，後來因為天氣炎熱，蒙古將士的體能衰退，大軍就在琿楚山休整避暑。

　　另有一支蒙古軍進攻甘州。西夏甘州守將曲也怯律之子察罕當時是成吉思汗部下的將領，隨蒙古軍前來。在進攻之前，察罕將招降書綁在箭上射入城中，並且要求見他的 13 歲的弟弟，同時派遣使者入城，勸城民儘快投降，以免遭到災禍。

　　甘州副將阿綽等人決心抵抗，謀殺了曲也怯律父子和蒙古使者，合力拒守。蒙古軍招降失敗，盡力攻打，很快攻破了城池。

　　避暑休整的蒙古大軍直到涼爽的秋天到來，才又開始進攻西涼府以及綽羅和拉等郡縣，這些地方都全部攻占了下來。接著，蒙古軍隊翻越沙陀，到黃河九渡那個地方，占領了雅爾等郡縣，再一次圍攻靈州。

　　成吉思汗大軍逼近都城，這時西夏國國王派出嵬名令公率師 10 萬增援，做最後的掙扎。

　　戰鬥進行得十分激烈，成吉思汗站在封凍的黃河上，下令放箭射敵人的腳，不讓他們從冰上過來。

　　蒙古軍隊攻占了靈州城，進軍到鹽州川駐紮下來，當時天氣寒冷，北風凜冽，雨雪交加，道路泥濘，無法行軍作戰，成吉思汗就命令軍隊駐紮下來，在這裡度過年關。

　　不久後，臘月過去，春天回來，河面上的結冰剛剛融化。成吉思汗就立即率軍渡過大河，攻下了積石州，攻破了臨洮府，占據了洮河和西寧兩個州，向德順發起進攻。

　　西夏國的節度使官馬肩龍這時正統領著德順城，挺有才能，聲名遠颺。他聽說蒙古大軍到來，立即打開城門，英勇地與蒙古大軍迎戰。

　　兩支大軍混戰了 3 天，蒙古軍士死傷了不少，馬肩龍部下的軍士，也

死傷了幾百名之多。攻守雙方都沒有取得勝利，馬肩龍因此派遣使者報告西夏國王，請求立即派兵援助。

這時的西夏國王李德旺，由於憂傷和恐懼生了病，不久後就去世了。李德旺死後，西夏國人推舉他的侄子李睍繼承王位。

李睍年齡還幼小，哪裡曉得什麼軍政事務，各位將士大都是得過且過，投機鑽營，牟取私利，各自鑿穿山谷，修建倉庫，藏匿財物，全都狡兔三窟，自尋後路。朝野上下的文臣武將，都愚蠢痴迷到了極點。這樣，就把勇於作戰的馬肩龍的軍情告急文書，高高地擱起，沒有人予以理睬。

馬肩龍等不來援軍，不禁嘆息了一聲，說：「西夏如此腐敗，真是無可奈何，現在內無軍糧，外無援軍，只有我在城在，城亡我亡吧！除此之外，我是別無選擇了！」

馬肩龍又率軍堅守了幾天，終於經不住蒙古軍的猛烈攻擊，後來只得自己率領左右警衛軍士衝出城門，與蒙古軍隊殊死戰鬥，直到蒙古軍隊把他包圍了好幾層，他還在手握大刀，圓睜著雙眼，砍死了幾名蒙古士兵。這時，蝗蟲一樣的箭頭密密麻麻地向他飛來。馬肩龍身上中了無數箭後，大叫了一聲，口吐鮮血陣亡。

主將戰死，城市很快陷落。

成吉思汗攻占了德順州，接著，他率軍到六盤山躲避酷暑，又派遣將領直接逼近西夏國的都城。西夏國王李睍得知蒙古大軍兵臨城下，驚慌失措，慌忙召集文武官員開會商議，他哪裡知道，所有臣民，這時全都到窯洞中避難去了，根本沒有人理睬那位無能的國王。後來聽說窯洞中的臣民又被蒙古軍隊搜了出來，財物全部被搶掠，臣民全部被殺死。

在此期間，成吉思汗派察罕到中興府諭降。夏主李睍糧盡援絕，偏偏這時又發生了強烈地震，城中房倒屋塌，瘟疫流行，軍民更加困憊不堪。

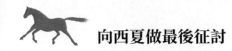

向西夏做最後征討

　　夏主李睍被迫遣使向成吉思汗投降，提出的條件只是給予一個月的寬限時間，以便準備貢物，遷徙民戶。

　　當時成吉思汗正在病中，便假意答應了夏主的請求。

　　西夏國自元昊稱帝，總共傳了 10 個國王，經歷了 201 年，最後被蒙古大軍滅亡。

精心籌劃滅金大略

1227 年春，成吉思汗滅亡了西夏國王，正想班師回朝的時候，忽然覺得身上一寒一熱，交替發作，咳嗽不止。也速皇后整天精心侍奉在他的左右，隨軍的所有良醫，都來進行診治。成吉思汗壯志不已，帶著患病之軀，又在進行新的策略構想。

成吉思汗在西夏滅亡大局已定的形勢下，只留少量兵力在夏境等候接收投降，自率主力進入金國西境。在他避暑於六盤山時，精心籌劃滅亡金國的軍事大略。

成吉思汗首先考察了蒙金戰爭的新形勢。他得知金國在近十年期間，曾經歷了一段十分艱難曲折的道路。

金宣宗完顏珣在權臣術虎高琪的操縱下，為了補償對蒙古作戰的損失，發動了進攻南宋的戰爭，結果卻是勞民傷財，徒傷國力，並且激化了金、宋矛盾，迫使南宋更加向蒙古靠攏，自陷於腹背受敵、四面楚歌的危險境地。

金哀宗完顏守緒於 1224 年即位後，為了集中力量抗蒙，主動停止了攻宋戰爭，重新調整兵力部署，把數十萬主力部隊屯駐潼關附近，並沿黃河 1,000 多公里，分為四段派 20 萬大軍堅守。

現在，擺在成吉思汗面前的就是這樣一種金軍與蒙古軍隔河對峙的局面。

成吉思汗又考察了南宋與金國的世仇關係。

宋朝從 1126 年以來，一直備受金國的欺凌。1127 年，北宋被金國滅亡。南宋建立後，又屢遭金軍南下攻掠，先後於 1141 年、1164 年、

1208 年被迫與金國訂立了喪權辱國的不平等條約，南宋割讓 6 個州土地給金國，年年向金國納貢，歲幣由 20 萬增為 30 萬，南宋向金國稱伯父。

自從蒙古發動攻金戰爭以後，一向對金國卑躬屈膝的南宋朝廷，態度逐漸強硬了起來，並為金國有難而幸災樂禍，乘機停止了向金國交納歲幣。

宋、金歷來戰爭的結局，從來都是以金勝、宋敗而告終，唯獨 1217 年至 1224 年的宋金戰爭，南宋因有黃河以北的蒙古軍作為不結盟的盟軍，形成對金軍的南北夾擊之勢，故而取得了勝利。

成吉思汗還仔細地考察了蒙古與南宋的關係。蒙古、南宋之間，初期因有金國、西夏的阻隔，兩國不相鄰、不相屬，也不直接交往。

隨著蒙、金戰爭的進程，蒙古和南宋雙方都逐漸把對方當作可以借用的力量，成為不結盟的同盟關係。

1221 年，成吉思汗在西征中，曾經親自接見了南宋派來的使者苟夢玉，雙方在攻打金國問題上達成了諒解和支持。

1223 年，苟夢玉第 2 次出使西域，成吉思汗再次接見來使，並且進行密談。

史料對他們兩人的會談內容沒有記載，但歷史學家從之後雙方的言行分析，可能在兩個方面達成協議：

第一，蒙、宋雙方都把金國看作共同的敵人，並把對方視為對抗金國的同盟軍；

第二，蒙、宋在適當時候聯合起來滅金。

蒙、宋在以後的交往中，因為雙方有著金國這個共同敵人，存在著許多一致性；但因為雙方有著許多根本的利害衝突，又存在著對抗性。所以，蒙、宋關係也時好時壞。

1227 年春，成吉思汗為探察繞道宋境攻金的路線，特遣一支遊騎偏師，深入南宋利州路今四川北部、陝西南部及甘肅東南部一帶，由此，成吉思汗已經十分清楚地洞察了從後側迂迴包圍金國都城南京，即今河南開封的進軍路線，但是必須向南宋借道並聯合南宋，這是唯一的出路。

於是，在成吉思汗的腦海中，一個利用宋金世仇、借道宋境、聯宋滅金的大迂迴、大包圍策略逐步形成了。

6 月，成吉思汗從六盤山移營清水縣的西江。當時天氣酷熱，65 歲的成吉思汗患病，發起高燒。

他自知病情嚴重，活不多久了，而自己苦心謀劃的滅金策略，也只能交由別人去實現。

於是，他召集拖雷及親密部將，把胸中方略口授於眾。

成吉思汗的滅金策略，大體分為兩個方面：

其一，對蒙、金策略形勢的客觀、冷靜分析。他認為，鑒於金軍還有主力數十萬，地處要沖，只靠蒙古軍自身的力量從正面攻擊，在短期內滅亡金國是不可能的。

其二，最終確定了利用宋金世仇，繞道宋境，實施大迂迴的作戰方略。

成吉思汗這一滅金策略，在其去世後，由兒子窩闊台、拖雷實施。

1231 年春，蒙古軍兵分三路：

· 東路出山東濟南，以做牽制；
· 中路由窩闊台率領，從白坡南渡黃河，從正面進攻；
· 西路系三路之主力，由拖雷率領，從寶雞南下，繞道宋境，經由川北、陝南入河南，包剿開封。

1232 年正月，三峰山大戰，殲滅金軍精銳 15 萬人，俘殺金帥 2 人。

鄭州大戰，殲滅金軍主力 10 餘萬人，至此金軍精銳已盡，金哀宗被迫逃離南京，輾轉至蔡州。

1234 年正月，宋、蒙聯軍攻破金國臨時首都蔡州，金哀宗自殺，金國滅亡。

成吉思汗的滅金策略全部得到實現。由他親自發動的蒙、金戰爭，歷時 24 年，至此以勝利告終。

病危的成吉思汗還想到要徹底地向唐兀惕報仇雪恨，徹底消滅唐兀惕人。他的這一願望也是在他死後才得到實現的。

他病危時，西夏首都興慶正在陷落。成吉思汗心裡清楚，假如他在這個時候死，那也是唐兀惕人導致的，因為正是這些不忠的附庸迫使他帶病繼續征戰。

他指示部下說，他死後，作為獻於他的遺體前的祭品，應當告訴他：大仇已報，唐兀惕王國已經消失，不復存在了。

成吉思汗還遺囑說：「每飯則應告朕：唐兀惕人已被消滅無遺矣！大汗已消滅其種矣！」

就這樣，成吉思汗臨終以前就已決定以屠殺整個唐兀惕人來作為自己死後的葬禮。

不過，後來唐兀惕人並沒有一個不留地被殺絕，因為僅陪伴成吉思汗最後一次遠征的也速一人就得到了許多唐兀惕人，這些唐兀惕人都成了她的奴隸。

上述這些勝利，為建立元朝全國大統一的多民族國家奠定了堅實的基礎。

成吉思汗臨終遺言

出征西夏，成吉思汗在圍獵時墜馬受傷。但成吉思汗帶傷病出征，當他路過一個名為巴音昌霍克的地方時，手中馬鞭突然失落，隨行侍衛要下馬拾取，成吉思汗阻止說：「不要，馬鞭失落必有緣由，我看此處是個風水寶地，將來我死後，就葬於此地為好。」

剿滅西夏以後，成吉思汗傷病日益惡化，縱使是人蔘和茯苓等名貴中藥材，也無法醫治好他的疾病，讓他起死回生。

1227 年 7 月，成吉思汗自知不久於人世，叫來窩闊台、拖雷以及諸子侄，說：「蒙上天佑護，我建立了大蒙古國。從南到北，從東到西，不論到哪裡，策馬一年也走不到頭。我的事業，需要你們繼承，願你們齊心協力，尊敬朋友，不可更改我的《大札撒》，讓大蒙古國永世長存，鞏固下去！」

成吉思汗屏退左右，當面交代諸子說：「我病勢已不能救治，死期將近。賴天之助，我為你們建一廣大帝國。若你們保其不致分解，則必須同心禦敵，一意為你們自己及友朋增加富貴。你們中只能有一個繼承汗位，我重申，由窩闊台為繼嗣人，不得背我遺命。」又說：「如果我的兒子們個個都想當大汗，豈不是變成我常講的故事中的多頭蛇一樣嗎？」

在往日，成吉思汗為了促使兒子們同心禦敵、不鬧糾紛，經常給他們講述多頭蛇的故事。

這個故事是說：在一個寒冷的夜晚，有一條多頭蛇想鑽進洞裡去禦寒，但這條多頭蛇的每一頭都想最先進洞，哪個頭也都不肯讓步，結果這條多頭蛇便凍死在洞口外邊。

可是那些長著一個頭的蛇，卻都順利地鑽進洞裡，安全地度過了嚴冬。

窩闊台等諸子聽了父親的臨終遺言，一齊跪下說：「我們俯首聽從您的命令和吩咐。」

成吉思汗在彌留之際，看見也速皇后在身旁侍奉著他，他就牽著她纖細的小手，對她說：「你精心地侍奉我已經有許多年了，從來也沒有什麼過失。現在你又主動提出跟隨我出師遠征，消滅了西夏。我們現在只希望回到國內以後，好好地和你們再團聚幾年，共享榮華富貴，天倫之樂。沒想到我今天已經病入膏肓，無可救藥，難以醫治。我死以後，你回去要告訴各位皇后，以及你的姐姐，一定要節哀，不要過於悲傷，都要好好地生活下去！」

也速不等到成吉思汗把話說完，早就已經痛苦地掉下淚來，悲痛欲絕，泣不成聲。

成吉思汗堅強地忍住了眼中的淚水，對也速說：「人生就像早晨的露珠，轉眼之間就消失了，有什麼值得傷心的？你趕快替我把各位王公大臣叫進來，我還有很多話對他們說。」也速立即傳令召見諸位王公大臣，他們全都到成吉思汗的床榻前，看望和問候成吉思汗。

成吉思汗對他們說：「我的病非常沉重，看來是好不了了，可惜的是各位皇子都沒有跟隨在身邊。術赤已經在西域征戰途中死去了，我叫察合台前去辦理喪事，至今也沒有回來。窩闊台呢，我命令他率領軍隊前去攻打金國，責問金國為什麼不按時繳納每年必須繳納的黃金和財物；拖雷現在又正監守著故國的都城，不能離開遠走。現在只有你們跟隨在我的身邊，其實你們都是我的親戚和舊交，關係親密無間，我死以後，國家裡的一切大事，都仗你們輔佐和扶持了！窩闊台為人謹慎，厚道老成，我

過去已經命令他接替皇位，只是我們短時間內不能回到國內，你們就替我傳達命令，叫拖雷暫時行使監國權利，治理好國家。」

成吉思汗又指著也速皇后，對各位王公大臣說：「她跟隨著我征討西夏，我在生病時，她又悉心地侍奉我，真是勞苦極了，我也沒有什麼可以報答她的，只有從俘虜和搶掠的西夏國的子女和玉帛財物中，多分一份給她，這樣也不枉她跟隨我辛苦了一場！」王公大臣都齊聲回答說，一定遵照他的囑咐辦。

成吉思汗的力氣越來越弱，他安靜下來，休息了一會兒，接著對各位王公大臣說：「還有一件大事，你們需提醒繼位的皇帝：現在西夏已經滅亡，金國的勢力已經孤單，但是金國擁有精兵強將，西面占據著潼關，南面占據了連山，北方有大河阻隔，此後我們的軍隊進攻的時候，縱使戰爭取得勝利，攻占了下來，恐怕也不能很快使他們滅亡。我的策略方針是從南宋的國土上繞道，宋朝和金國結有世代代的仇恨，南宋必然允許我們從那裡繞道，我們的軍隊首先率軍攻打唐鄧，直接攻占大梁，金國都城被我軍圍困後，一定要向潼關徵調兵源，那時由於路途遙遠，戰事緊急，已經無法增援，縱使其他地方的援兵到來，由於千里奔馳，人馬勞頓，到達時也早已不是我軍的對手了，這樣消滅金國就是很容易的事了。」

成吉思汗到死也不忘記攻城略地，開拓疆土，真不愧為「一代天驕」，曠世英雄。

1227 年 8 月 25 日，成吉思汗病逝於甘肅東部山區渭河北面的清水縣，終年 65 五歲。

成吉思汗去世後，他的兒子和將臣遵其遺囑，為之舉行了特別的葬禮。

這次葬禮之所以「特別」，主要表現在以下幾個方面：

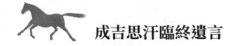

一是祕而不宣。

這是根據成吉思汗的遺命行事的。因為當時，西夏的投降事宜正在辦理之中，金國與蒙古正處於對峙狀態，南宋對蒙古的軍事行動抱著等待觀望的態度，蒙古軍人正在迎接新的更大規模的戰鬥和勝利，因此祕不發喪對蒙古的軍事行動及穩定內部等均為有利。

這是成吉思汗最後留給繼承人的一條錦囊妙計。

遵此，成吉思汗的兒子、諸將，迅速把他的遺體裝入靈柩北行，並將沿途遇到的人全部殺死，以防走漏消息。

二是喪期 3 個多月。

成吉思汗的靈柩運至克魯倫河畔，陸續陳柩於其各斡露多中，喪期歷時有 3 個多月。

因為蒙古大帝國遠至西域，諸位宗王、公主、統將等在接到監國就是代理大汗拖雷的使者報告，長途跋涉，遠道者三個月方至。

三是唱頌大汗的讚歌。

當載著成吉思汗的靈車離開他的斡露多時，一名蒙古歌手領頭唱起了成吉思汗輓歌。

歌詞大意是：

您成為遮天蓋日的鷹羽，飛去了啊，我們的聖主！
大車荷載著您的靈車緩行，我們的君主！
您的蒙古親族們，在遙遠的地方痛哭，可親的國主！
您的偉大國土故鄉，都在等待您，我們的君主！

四是無陵墓的葬地。

成吉思汗的喪禮過後，人們便按照他生前狩獵時指定的地點，把他的遺體在此深深埋葬。

這個地點，處於鄂嫩河、克魯倫河、土拉河三河發源地不爾罕山的起輦谷。

入葬後，人們遵循蒙古習俗，在成吉思汗的遺體深埋處，以群馬踏成平地一般，規定任何人不得接近葬地。

隨後即派出騎兵在周圍看守巡邏，待來年青草茂密，葬地已和大地成為一樣的面目，不見任何遺蹟之時，才撤除警戒。至今，人們也無法尋其蹤跡。

元代追成吉思汗廟號為太祖。

今天，在內蒙古伊克昭盟伊金霍洛旗境內，有重新修建的成吉思汗陵。

在那裡存有他的遺帳和遺物，這不是成吉思汗的真正葬地，人們卻可以從這窺視這位偉人極不平凡的一生，及其逝世後如何受到世人的敬重和仰慕。

自從成吉思汗死後，繼位的其他幾個可汗以及元朝的皇帝，死後也埋葬在薩里川，埋葬的辦法也像成吉思汗那樣「不封不樹」，因此直到現在人們都找不到這些可汗與皇帝的陵墓。人們為了紀唸成吉思汗，每年都到那裡舉行祭祀儀式。

成吉思汗去世後，大蒙古國召開忽里勒台，按成吉思汗生前決定，1229 年由窩闊台繼承汗位。

窩闊台繼承父汗的遺志，制定滅金大略，7 月率軍伐金，經過禹山、鈞州三峰山、鐵嶺、汴京、蔡州諸戰役，終於在 1234 年 1 月消滅了金國。

1235 年，窩闊台組織長子軍，進行第 2 次西征，進軍羅斯、孛烈兒、馬札兒、布達佩斯等國。

但因 1241 年窩闊台汗去世，蒙古軍東歸。

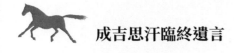

窩闊台去世後，乃馬真皇后掌政。

1246 年貴由汗即位，但不久於 1248 年病逝，皇后海迷失執政。

1251 年蒙哥汗即位，組織拖雷之子旭烈兀第 3 次西征，進攻波斯、敘利亞等地建立伊兒汗國。

同時蒙哥汗征南宋，派忽必烈征川滇，消滅大理國。

蒙哥親自率軍南下，1259 年 7 月病死在金劍山溫湯峽。

蒙哥汗死後，忽必烈於 1279 年完成統一中國的大業，開拓了領土，建立了多民族的統一的元朝大帝國。

附錄：成吉思汗年譜

1162 年，鐵木真出生。

1189 年，鐵木真被推舉為蒙古部汗。

1190 年，十三翼之戰爆發。

1194 年，鐵木真聯合克烈部與金共同征討塔塔爾部。

1196 年，大敗塔塔爾部。受金封為札兀惕忽。滅主兒勤氏。

1197 年，協助王罕復位。

1198 年，與王罕聯兵討篾兒乞人。

1199 年，與王罕聯兵征乃蠻。其首領杯祿汗敗走謙謙州。

1200 年，與王罕聯兵擊敗泰赤烏來犯之敵。捕魚兒海子之戰，與王罕聯兵擊破朵兒邊、翁吉剌惕、塔塔爾等聯軍。

1201 年，與王罕聯兵擊敗札木合集團。

1202 年，鐵木真擊滅四部塔塔爾人。納也速、也速乾二後。闊亦田之戰，確定了蒙古本族的領導權。

1203 年，鐵木真滅克烈部，汗山之戰。王罕被乃蠻邊將執殺。

1204 年，鐵木真滅乃蠻，太陽汗受傷致死。

1205 年，鐵木真採用畏兀兒字母，創製蒙古文字。遣兵征西夏。

1206 年，鐵木真即汗位，號成吉思汗，建大蒙古國。

1207 年，成吉思汗再征西夏。成吉思汗長子術赤征服林中百姓。

1208 年，太陽汗之子屈出律逃往西遼。

1209 年，成吉思汗三征西夏，夏主納女請和。

1211 年，蒙古首度伐金，破河北、山東、山西 90 餘州，圍攻中都。金獻岐國公主及金帛、馬匹請和。蒙古撤兵。金遷都汴京。

1214 年，蒙古與南宋建立夾擊金朝同盟。

1215 年，蒙古軍占領中都，破金城邑多處。

1216 年，成吉思汗封木華黎為太師國王，總理伐金事宜。突馬惕部叛亂，博爾忽陣亡。

附錄

1218 年，成吉思汗命哲別攻西遼。哲別殺屈出律，西遼滅亡。

1219 年，成吉思汗親征中亞大國花剌子模。

1221 年，花剌子模國國王摩訶末死於裏海一小島上，傳位於札蘭丁。巴剌率軍追擊札蘭丁進入北印度。

1222 年，成吉思汗流阿姆河，追討札蘭丁。印度河之戰，札蘭丁逃往德里。

1223 年，蒙古軍攻入南俄，在迦勒迦河敗羅斯、欽察聯軍。

1225 年，成吉思汗回師土拉河。

1226 年，成吉思汗進兵西夏，圍攻中興府。

1227 年，成吉思汗病逝。西夏亡。成吉思汗幼子拖雷監國。

1229 年，舉行大會，推舉成吉思汗子窩闊台為汗。

蒙古帝國締造者成吉思汗

大敗金兵，降伏西夏，遠征中亞，建立蒙古四大汗國的一代天驕鐵木真

作　　者：歐陽翰，楊玲玲

發 行 人：黃振庭

出 版 者：崧燁文化事業有限公司

發 行 者：崧燁文化事業有限公司

E-mail：sonbookservice@gmail.com

粉 絲 頁：https://www.facebook.com/
　　　　　sonbookss/

網　　址：https://sonbook.net/

地　　址：台北市中正區重慶南路一段六十一號八
　　　　　樓 815 室

Rm. 815, 8F., No.61, Sec. 1, Chongqing S. Rd.,
Zhongzheng Dist., Taipei City 100, Taiwan

電　　話：(02)2370-3310

傳　　真：(02)2388-1990

印　　刷：京峯彩色印刷有限公司（京峰數位）

律師顧問：廣華律師事務所 張珮琦律師

定　　價：299 元

發行日期：2022 年 08 月第一版

◎本書以 POD 印製

國家圖書館出版品預行編目資料

蒙古帝國締造者成吉思汗：大敗金
兵，降伏西夏，遠征中亞，建立
蒙古四大汗國的一代天驕鐵木真 /
歐陽翰，楊玲玲著 . -- 第一版 . --
臺北市：崧燁文化事業有限公司，
2022.08
　面；　公分
POD 版
ISBN 978-626-332-606-4(平裝)
1.CST: 元太祖 2.CST: 傳記
625.71　111011633

電子書購買

臉書